まえがき

　パッと見て面白味のなさそうな人ではある。しかし、その失言しない守りの姿勢を「籠城戦」と、本人は、はっきりと意識している。

　苦労人で口の固いこの名参謀から、本書は、ある種の「独占スクープ」を引き出したには違いあるまい。分かりにくい日本政治の構造を、ここまではっきりと説明してくれる人は少ないので、ある意味での「政治学のテキスト」にもなっているのではないかと思う。

　その菅官房長官の、忍耐に忍耐を重ねる姿勢がいったいどのような霊的背景に基づくのか、本書はその真実を明らかにしてしまった。

これで今後の日本政治の進んでいく方向ははっきり見えてきたので、「幸福実現党」のやらねばならないことも明快となった。私たちは菅氏の言えないことをズバズバと言い続けるのみだ。吉田松陰のように愚直でありたい。

二〇一三年　八月十二日

幸福実現党総裁《こうふくじつげんとうそうさい》　大川隆法《おおかわりゅうほう》

誰もが知りたい菅義偉官房長官の本音　目次

誰《だれ》もが知りたい菅義偉官房長官《すがよしひでかんぼうちょうかん》の本音

——名参謀《めいさんぼう》のスピリチュアル・トーク——

二〇一三年八月八日　菅義偉守護霊《しゅごれい》の霊示《れいじ》
幸福の科学「奥《おく》の院精舎《いんしょうじゃ》」にて

3

「憲法改正」はできるのか　65

4

「消費税増税」に対する本音　82

5

「人材難」に苦しむ自民党 111

「霊言現象《れいげんげんしょう》」とは、あの世の霊存在の言葉を語り下ろす現象のことをいう。これは高度な悟《さと》りを開いた者に特有のものであり、「霊媒現象《れいばいげんしょう》」(トランス状態になって意識を失い、霊が一方的にしゃべる現象)とは異なる。外国人霊の霊言の場合には、霊言現象を行う者の言語中枢《ちゅうすう》から、必要な言葉を選び出し、日本語で語ることも可能である。

また、人間の魂《たましい》は原則として六人のグループからなり、あの世に残っている「魂の兄弟」の一人が守護霊《しゅごれい》を務めている。つまり、守護霊は、実は自分自身の魂の一部である。したがって、「守護霊の霊言」とは、いわば本人の潜在《せんざい》意識にアクセスしたものであり、その内容は、その人が潜在意識で考えていること(本心)と考えてよい。

なお、「霊言」は、あくまでも霊人の意見であり、幸福の科学グループとしての見解と矛盾《むじゅん》する内容を含《ふく》む場合がある点、付記しておきたい。

誰《だれ》もが知りたい菅《すが》義《よし》偉《ひで》官《かん》房《ぼう》長《ちょう》官《かん》の本音

——名《めい》参《さん》謀《ぼう》のスピリチュアル・トーク——

二〇一三年八月八日　菅義偉守《しゅ》護《ご》霊《れい》の霊《れい》示《じ》

幸福の科学「奥《おく》の院《いん》精《しょう》舎《じゃ》」にて

菅義偉《すがよしひで》（一九四八〜）

政治家、自由民主党の衆議院議員（神奈川《かながわ》2区選出）。秋田県に農家の長男として生まれる。秋田県立湯沢《ゆざわ》高校を卒業後、集団就職で上京し、段ボール工場で働きながら、法政大学法学部法律学科（夜間部）に進学する。大学卒業後、民間企業《きぎょう》勤務ののち、衆議院議員秘書や横浜市議会議員を経て、一九九六年、衆議院議員に初当選を果たす（以降、六期連続当選）。二〇〇六年に発足《ほっそく》した第一次安倍晋三《あべしんぞう》内閣では総務大臣を務めた。二〇一二年十二月、第二次安倍内閣の内閣官房長官《かんぼうちょうかん》に就任、特命事項《じこう》として国家安全保障強化を担当している。

質問者　酒井太守《さかいたいしゅ》（幸福の科学宗務《しゅうむ》本部担当理事長特別補佐《ほさ》）
秦陽三《はたようぞう》（幸福の科学常務理事 兼《けん》 宗務本部庶務《しょむ》局長）

［質問順。役職は収録時点のもの］

1 「現代の名参謀《めいさんぼう》」の知恵《ちえ》を引き出したい

菅義偉官房長官《すがよしひでかんぼうちょうかん》は、なかなかの苦労人

大川隆法　今日は、安倍《あべ》内閣で官房長官《かんぼうちょうかん》を務めておられる菅義偉《すがよしひで》さんの「守護霊《しゅごれい》の本音トーク」を聴《き》いてみようと思っています。

私がそう思うだけではなく、向こう（菅義偉守護霊）も何か言いたそうで、姿が見えてくるので、おそらく、いろいろと私の著書を献本《けんぽん》されては、「ああしろ」「こうしろ」と言われているのかもしれません。

菅さんは、現在、内閣官房長官・国家安全保障強化担当であり、衆議院議員に六回当選、神奈川《かながわ》2区選出で六十四歳《さい》です。

秋田県に農家の長男として生まれ、集団就職で上京、段ボール工場で働きつつも、法政大学法学部法律学科の夜間部に進学しました。

卒業後、民間企業《きぎょう》に就職しましたが、二十六歳のとき、「人生を政治にかけよう」と志を立て、衆議院議員の秘書になります。

そして、一九八七年に横浜《よこはま》市会議員に初当選し、二期務めたあと、一九九六年に衆議院議員に初当選、以後、六回連続で当選し、大臣にまでなっています。私が幸福の科学を始め、最初の講演会を行ったころ、横浜市会議員に初当選したわけです。

「秋田県に農家の長男として生まれ、集団就職で上京、段ボール工場で働きつつも、大学の夜間部に行き、卒業した」という経歴は浪花節《なにわぶし》のようで、涙《なみだ》がチョチョ切れそうな感じですが、「このころは、そうかもしれないなあ」と思います。

私が十代のころも、そうでした。ちょうど高度成長期であり、工場で人手が要《い》る時期だったので、中学卒で上京する人もいましたし、私の住んでいた所では、中卒で京阪神《けいはんしん》に集団就職をする人たちが、わりに多かったのです。

当時の新聞等には、中卒の働き手について、「金の卵」という言葉が躍《おど》っていましたが、とにかく、「働き手が欲《ほ》しくて追いつかない」という感じだった時期です。そのため、農家で子だくさんの家庭の子供だったら、勉強ができようが、できまいが、関係なく、集団就職をよくしていました。

私の周りには、勉強ができるのに農協に就職した人もいました。また、テニス部にいたときには、「集団就職で大阪《おおさか》に行くので、何か書いてくれ」と言われ、書き付けを書かされたことを覚えています。そのような時期でした。

菅さんは、そういうかたちから、今では官房長官になり、内閣の要《かなめ》を務めておられるので、なかなかの苦労人なのではないでしょうか。

安倍さんも、それほど高学歴ではないのですが、彼の場合、育ちがよいので、そういう意味でのボンボンであり、「運よく総理になった」と言われることが多いでしょう。この安倍さんと菅さんの組み合わせは絶妙《ぜつみょう》で、菅さんが安倍さんを裏側で引き締《し》めているように感じられます。

これは、マスコミの人たちも、おそらく感じていることであろうと思いますが、菅さんの場合、言葉に無駄《むだ》がなく、そつもなく、やはり、苦労人で上がってきた人独特の雰囲気《ふんいき》があるので、安倍さんが、どちらかといえば、やや甘《あま》く出るところを引き締めながら、この人が政権をもたせているのかもしれません。

そういう意味での女房役《にょうぼう》として、また、参謀役《さんぼう》として、菅さんは、現在、ある意味で非常に目立っているのではないでしょうか。

だいたい、官房長官や幹事長などだと、次の政権を狙《ねら》っているような人も多く、ギラギラしていることもあるのですが、菅さんは、そういう意味では、「陰《かげ》の人」になっている感じです。

そのような印象を受けますが、実際には、どんな人なのか、分からないので、今日は、彼の「本音」を聴いてみようと思います。

「安倍《あべ》政権の女房役《にょうぼう》」から、本音を引き出せるか

大川隆法　最近、与野党《よやとう》の党首級の守護霊霊言《れいげん》等も聴きました（注。二〇一三年の七月から八月にかけ、社民党、共産党、公明党、民主党の各党首の守護霊霊言を収録し、書籍《しょせき》化した。巻末の関連書籍を参照）。

ただ、私たちが、今後、政治活動をするに当たっては、まだまだ勉強しなくてはいけないので、いろいろな人の意見を聴き、勉強していくのも悪くないでしょう。

地上の本人が、私たちに直接会い、いろいろと教えてくれるわけではないので、こういうかたち（守護霊霊言）を取るわけですが、それぞれの人が持っている考

えや信条など、さまざまなことを聴くことで、勉強ができるのではないかと思います。

幸福実現党が「候補者が当選しません」と言っても、菅さんから見れば、「まだまだ甘いのではないですか。もっともっと苦労しなさい。まだ、楽に〝親方日の丸〟で落ちているだけではないのですか」と感じられるようなところがあるかもしれません。そういう意味で、「菅さんの守護霊から何らかのアドバイスを頂けるのではないか」と感じています。

また、菅さんは、安倍《あべ》政権の方向性を、ある意味では、女房役《にょうぼう》としてコントロールする立場にもあるでしょうが、今後、安倍政権を、どのようにされようとしているのでしょうか。

彼の守護霊が本音を語るかどうか、分からないので、守護霊までもが、同じように、ディフェンスの強い人だった場合には、なかなか本音を聞けませんが、本人自身は、おそらく、マスコミに訊《き》かれても、本音を語ることは、ほぼないのではないかと思います。

そういう意味では、安倍さんを引き立てる役を上手に務めていると思うので、守護霊に対して、よい質問をし、「現代の名参謀」の知恵《ちえ》を引き出して、われわれの参考になることを何か聴くことができればと考えています。

菅さんが、幸福の科学や幸福実現党に対しても、ご意見を持っておられるのは間違《まちが》いないのですが、正式に面と向かって尋《たず》ねられても、おそらく、それを言うことはないと思われるので、「守護霊の声」としてお聞きしたほうが、かえってストレートに本音が出てくるでしょう。そして、本人に、「そんなことを思ったかなあ」と言われるぐらいで、よろしいのではないかと思います。

内閣官房長官《かんぼうちょうかん》、菅義偉氏の守護霊を招霊《しょうれい》する

大川隆法　では、始めます。

（合掌《がっしょう》し、瞑目《めいもく》する）

今日は、「誰《だれ》もが知りたい菅義偉官房長官の本音」という題で、「現代の名参謀」のスピリチュアル・トークを聴いてみたいと思います。

第二次安倍内閣で官房長官を務めておられます菅義偉氏の守護霊に、幸福の科学へおいでいただきまして、その考え方や政治に関するアドバイス等をお聴きできれば、まことに幸いであると思っております。

菅官房長官の守護霊よ。

菅官房長官の守護霊よ。
どうか、幸福の科学においでくださり、その本心を明らかにしたまえ。
（約十秒間の沈黙《ちんもく》）

2 「歴史認識問題」への対応

自分を〝家老《かろう》〟と認識している菅官房長官《かんぼうちょうかん》

菅義偉守護霊　ああ、菅でございます。

酒井　こんにちは。菅官房長官の守護霊様でございましょうか。

菅義偉守護霊　お世話になっております。

酒井　こちらこそ、お世話になっております。

　ある週刊誌の記事によりますと、菅官房長官は、「オフレコの懇談《こんだん》ですら、絶対に失言しない」と言われています。

菅義偉守護霊　そうですか。

酒井　ただ、「インタビューしても、まったく面白《おもしろ》くない。一字も記事にならない」とも言われているのですが、今日は、ぜひ、失言なり……。

菅義偉守護霊　いやあ……。

酒井　本音なりを、お聴《き》かせいただければと思います。

菅義偉守護霊　いや、あなたがたと同じ立場ですよ。あなたがたも、失言してはいけない立場でしょう?

酒井　いや、まあ……。

菅義偉守護霊　(宗教法人幸福の科学の)宗務《しゅうむ》本部というところは、そういうところでございましょう?

酒井　はい。

菅義偉守護霊　やっぱり、大川総裁がお仕事をできるように、お助け申し上げて、自分たちがスターになってはならないところですよね。

スターになりたい人は、ほかのセクションで、華《はな》やかに活動し、自由にものを言えているわけでしょうが、あなたがたのところは、自由にものを言ってはいけなくて、上手に黒子《くろこ》をしなければいけないセクションですよね。

あなたがたが失言して、総裁の足を引っ張るようなことがあっては、絶対に相成らないわけです。

だから、昔で言えば、〝ご家老《かろう》〟みたいなものなのかもしれません。

ただ、私の場合、「失言しない」と言いましても、「言うほどのことがない」というのが実情なんでございますけどね。

酒井　そうでございますか。

菅義偉守護霊　ええ、ええ。

酒井　官房長官《かんぼうちょうかん》の立場にあって、「言うほどのことがない」ということはないと思うのですが……。

菅義偉守護霊　いや、本当に、大した見識がないので、ただただ勤め上げているだけでございます。

酒井　そうでございますか。

菅義偉守護霊　ええ。

総理の座を狙《ねら》わず、安倍《あべ》政権を支える「黒子《くろこ》役」に専念

酒井　まさに、「安倍《あべ》政権の縁《えん》の下の力持ち」のようなかたちですね。

菅義偉守護霊　いやいや、まあ、クッションというか、座布団《ざぶとん》というか、そんな役割ですよね。

酒井　そうでございますか。

菅義偉守護霊　ええ、ええ。

酒井　「ある種の仕事人」と、お見受けいたしました。

菅義偉守護霊　いえいえ、私みたいな人は、これ以上の出世を望んではならない立場なので、「ここの黒子《くろこ》で最高」と思い、やはり、できるだけ安倍さんにいい仕事をしてもらうために尽《つ》くすのが、私の仕事だと思っております。総理なんか狙《ねら》ったら、命が幾《いく》つあっても足りませんよ。

酒井　なるほど。

菅義偉守護霊　私なんか、そんな立場じゃありませんから、ここまでで止《と》めなくてはいけない。

酒井　そうでございますか。

菅義偉守護霊　ええ。だから、あとは、「いかにして支えるか」ということだけです。「失点を出してはいけない」ということですね。

酒井　分かりました。

菅義偉守護霊　だから、守護霊であっても、失点を出さないように……。でも、口を割らされるのかなあ。

酒井　（笑）

菅義偉守護霊　あなたがたは、なかなか専門家なので……。

酒井　いやいや、とんでもないことです。

菅義偉守護霊　（口を割らないでいるのは）難しいかと思います。「安倍《あべ》総理の国民的人気で勝つ」が、参院選の基本戦略だった

酒井　菅官房長官個人についてのお話は、のちほど、また、お伺《うかが》いしたいと思います。

自民党は、今回の参院選で大勝し、衆参のねじれを解消したので、今は、やりたいことができるというか、自民党なりの考え、安倍《あべ》政権なりの考えを実行していけるステージが調《ととの》っています。

今回の選挙を振《ふ》り返って、また、今後に向けて、今、何をお考えでしょうか。

まず、それをお聴かせいただければと思います。

菅義偉守護霊　今回は、幹事長の石破《いしば》さんも、それから、私も、いちおう黒子でございますので、やっぱり、「安倍さんに、とにかく目立っていただき、国民的な人気を頂いて、勝たせていただく」というのが基本的な戦略でありました。そのため、私たちが余計なことを言って足を引っ張らないように、気をつけておりました。

数としては、願いどおりの勝利を、ある程度、得ることができましたので、いろいろな法案など、政策面での遂行《すいこう》は、かなり楽になるのではないかと思っております。

だから、国会対策にあまり大きな力を注ぐのではなく、内容のほうに力を注げれば幸いだと思います。

安倍《あべ》政権に「天からの知恵《ちえ》」を授《さず》ける真のブレーンとは

酒井　安倍《あべ》政権の政策において、こちらは「ほとんど」と認識しているのですが、幸福実現党の政策案は、どのくらい影響《えいきょう》しているのでしょうか。

菅義偉守護霊　それは、もう、お世話になりっ放しでして、まことに申し訳ないと思っています。

幸福実現党の幹部のみなさんが、あとで、この私の話をお聴きになることもあろうかと思いますけど、本当にありがとうございます。

本当に、お知恵《ちえ》をたくさん頂き、私どもが手柄《てがら》ばっかり頂いて、まことに申し訳なく、お詫《わ》びかたがた、お礼に行きたいぐらいの気持ちでいっぱいでございます。

私らは知恵のない者でございますが、幸福実現党からは、本当に、お知恵が天から降ってくるような、優《すぐ》れた知恵がたくさん出てきますので、それを実現させていただいておりますけれども、私どもの手柄になってしまい、幸福実現党さんや幸福の科学さんは、手柄にできず、マスコミから称《たた》えられることもありません。

それでも、すねもせずに、言うべきことを言い続けておられるので、「さすがだなあ」と感じております。自分らが、直接、自分たちの政策を実行して、手柄にすることができなくても、「自分らが『正しい』と思うことが、この国において実現されたらいい」という気持ちを持っておられる印象を受けております。

私も、大川総裁のご著書をたくさん献本《けんぽん》していただいておりますけれども、どれもこれも本当に政治のテキストの山でございます。しかも、神々のお声まで聞かせていただける状態でして、政治家としては、「これほど政治家冥利《みょうり》に尽きることはない」という感じでございますね。

酒井　そうでございますか。

菅義偉守護霊　ええ。

「官房長官談話《かんぼうちょうかんだんわ》」を出さなかった理由

酒井　これから、政策の話に入っていきたいと思います。

幸福実現党の政策は経済系から国防系までかなり幅広《はばひろ》くあるのですが、まずは国防に関してお伺いします。

安倍内閣は、中国や韓国《かんこく》との歴史問題に関し、今回の選挙の前あたりから、かなりトーンをダウンさせていきましたが、このあたりには、もしかしたら、官房《かんぼう》長官《ちょうかん》のお考えが働いているのでしょうか。

菅義偉守護霊　いやあ、この話は「官房長官談話」のほうに回ってくる?

酒井　はい。

菅義偉守護霊　「安倍談話」を出して、万一《まんいつ》、安倍さんのほうに傷が入り、長期政権になるべきものが短期政権になるといけませんので、「何かのときのために、私が引き受けるべきだ」と思い、「官房長官談話」も考えはしたのでございますけれども、やっぱり、敵の数が……。

野党が、全部、足並みを揃《そろ》えてくるでしょうし、マスコミが安倍内閣への攻撃《こうげき》ポイントにして狙ってくるのが、もう分かっているので、わざわざ「官房長官談話」で議席数を減らすのは、いいことではございません。

私たちは、まだ力が弱いと感じられるので、「とりあえず、法律を通す力を頂き、黙々《もくもく》と政策の実践《じっせん》に励《はげ》んで、国民の理解を取り付けていく。政治の実践力、あるいは実績で説明し、納得《なっとく》してもらう」というかたちがよいと考えました。

選挙そのものは、確かに、民主主義にとって非常に大事なことではあるんですけども、何か一つの点が強調されすぎて、それに対する、「好き嫌《きら》いの踏《ふ》み絵」という感じの儀式《ぎしき》の面が大きいので、「攻撃されるポイントを、こちらからさらけ出し、あまりにも明確に的《まと》を見せるのは、よいことではない」と……。

「大川談話」は仏の慈悲《じひ》そのもの

酒井　「河野《こうの》談話」と「村山《むらやま》談話」について、安倍内閣も踏襲《とうしゅう》してしまったかたちになったわけですが、もう、これを引っ繰《く》り返すことはできないのですか。

菅義偉守護霊　いやあ、ありがたいことに、幸福実現党さんのほうから、また、いろいろと強硬《きょうこう》なご意見を出してくださって、本当にすみませんねえ。何か、「斬《き》られ役」みたいに出てくださって……。本当は私が斬られなくてはいけないところを、そちらさんが「斬られ役」で出てきてくださっているような感じです。

酒井　ちょっと待ってください。今のお話からすると、「大川談話」（注。大東《だいとう》亜《あ》戦争に関する正しい歴史認識を示し、自虐《じぎゃく》史観に基《もと》づく「河野談話」「村山談話」の無効を宣言している。『「河野談話」「村山談話」を斬る！』〔幸福の科学出版刊〕に収録）については、「そのとおりだ」と思われているのですか。

菅義偉守護霊　いやあ、もう、ありがたいですよ。これは、本当に仏の慈悲《じひ》そのものでしょう。私たちの立場で、こういうことを言ったら、「総攻撃」が来ますけども、宗教家があれを言ってくださることは、マスコミに対しては「異次元攻撃」になるので、向こうは、まともに反撃できないんですよ。

大川総裁は宗教家ですからね。「宗教家に対し、政治的な面で政治部が攻撃する」というのは、きついし、普通《ふつう》の市民団体だって、「宗教団体と、まともにぶつかる」というのは、それなりに勇気が要《い》ることだし、左翼《さよく》だって、大川総裁には、いちおう一目《いちもく》も二目も置いておりますのでね。

いやあ、ありがたい話でして、私どもの力では、あそこまで大胆《だいたん》には、とてもできませんけれども、国論を揺《ゆ》さぶっていますよねえ。読売や産経その他《た》、あと、週刊誌も含《ふく》めてね。

「河野《こうの》談話」等を変えたいのが菅官房長官《かんぼうちょうかん》の本音

酒井　「河野《こうの》談話」「村山談話」を、どうされますか。

菅義偉守護霊　それは、本音を言えば、変えたいですよ。

酒井　ぜひ、新たな「談話」を出してください。

菅義偉守護霊　変えたいけど、力がねえ。やっぱり、私たちの力が……。

酒井　いや、もうすでに力は得ているのですから……。

菅義偉守護霊　いやいや。

酒井　もう、ここで行かなければなりません。

菅義偉守護霊　新たな「談話」を出すと、これから論戦が始まりますが、先輩《せんぱい》がたがまだ生きておられますので……。亡《な》くなっておられれば、またちょっと話が違《ちが》うんですけどね。

「中国や韓国《かんこく》との関係」が安倍《あべ》政権最大のネック

酒井　中国や韓国《かんこく》との関係は、どうしていくつもりなのですか。

菅義偉守護霊　それが、いちばんのネックですね。だから、まず出てくるのは、その問題でしょう。今回の参院選で勝って、安倍《あべ》政権の続投が決まりましたけども、この中国や韓国との関係のところで、早ければ、この夏から、もうつまずく可能性がある。

この両国との関係に関しては、また、アメリカとも板挟《いたばさ》みです。オバマさんの考え方は、ちょっと「左」に寄っていますからね。だから、「安倍色」を強く出すと、オバマさんが嫌《いや》がる気《け》が出ているので、アメリカとの関係も非常に難しくなる。そのため、これは非常にナイーブな案件なんですよ。

安倍さんや私の一存で、全部、党の運命や国の運命を決めてはならない面があるものですからね。

酒井　先ほど、「幸福実現党、あるいは大川総裁の意見については、そのまま受けている」というようなことでしたが……。

菅義偉守護霊　少なくとも、「大川談話――私案――」が出ることによって、読売新聞と産経新聞が立場を明らかにしましたよね。

反対側には左翼系の新聞やテレビ等もありますけれども、「これ（大川談話）を真っ向から批判するときには、そうとうの覚悟《かくご》が要る」ということで、いちおう、彼らも身構えなくてはいけない。

私ども政権に就《つ》いている者は、行政はやっておりますものの、マスコミではないので、マスコミほどの言論力はなく、「守り」が精いっぱいですけど、あなたがたは言論力も行動力もお持ちですので、実にありがたいですな。

「性的奴隷《どれい》」という言葉には合わなかった、慰安所《いあんじょ》の女性たち

酒井　ただ、政府としては、このあたりについて、早くけりをつけないと……。

菅義偉守護霊　まあ、そうです。

酒井　すでにアメリカには従軍慰安婦《じゅうぐんいあんふ》の像が建てられています。

菅義偉守護霊　そうそうそう。建てられていますね。

酒井　また、韓国においては新日鉄住金《しんにってつすみきん》が訴訟《そしょう》を起こされ、「戦時徴用《ちょうよう》に関して賠償《ばいしょう》責任があるのだ」と言われています。こういうものが、どんどん起きていくのに、政府として、何の手も打たず、「河野談話」等も踏襲していく。これでは、やはり、まずいのではないでしょうか。

菅義偉守護霊　昨日《きのう》、毎日新聞の朝刊か何かに、もう、確たる証拠《しょうこ》とは言えないけども、南方戦線で慰安所を管理していた朝鮮《ちょうせん》人男性の日記みたいなものを載《の》せていました。

酒井　日記ですね。

菅義偉守護霊　この人は一九七九年に亡くなっていて、もう「（死人に）口なし」ですけどね。発表された日記には、「従軍慰安婦」という言葉は出てこないけど、軍とちょっと交渉《こうしょう》したことがあるようなことはチラッと書いてある。

だけども、そこの女性たちは、あなたがたが言うとおり、だいぶ収入は高くて、どうも、朝鮮半島、母国に送金をしていたらしいですね。

酒井　その男性が慰安所の女性に頼《たの》まれて送った金額は、当時のお金で六百円だったそうです（注。現在の金額に換算《かんさん》すると、数百万円から数千万円に相当すると思われる）。

菅義偉守護霊　「セックス・スレイブ」とは「性的奴隷《どれい》」のことであり、要するに、奴隷の状態であるはずですが、そのように、「親元に送金できる」というのは、奴隷にしては、ちょっと分《ぶん》が過ぎています。だから、それは言葉に合っていないですね。

酒井　今の時代に直せば、エリート・サラリーマン級でしょうか。

菅義偉守護霊　そうそう。私どもの立場では非常に言いにくいけれども、やっぱり、ニーズのあるところには風俗《ふうぞく》系の産業は必ずありますので、そうした業者系の方が、「ニーズがある」と思うところに女性を連れてきて、かなりの高収入を上げていた。売り上げ計画まで立てて、やっていたんでしょう？

酒井　はい。

菅義偉守護霊　これには、かなりの〝企業性《きぎょう》〟があります。

酒井　普通なら、奴隷はお金をもらえないですよね。

菅義偉守護霊　そうそうそう。だから、奴隷じゃないんです、これは。アメリカのほうの完全な勘違《かんちが》いだと思いますけどね。

ただ、そうは言っても、韓国は、ああいう国ですので、言いがかりを、どこからでもつけてきますからねえ。

防衛体制を水面下で進めている日本

酒井　そのあたりについては、政府として何らかの見解を出さなくてはいけないと思いますし、もうすでに日本の企業は実害を被《こうむ》っています。アメリカ社会でも、そういうものが起きて、オバマ政権がより追い詰《つ》められると……。

菅義偉守護霊　ただ、日本のやり方は、こうなんですよ。

今日、「日本で準空母が進水したことを、中国が批判した」ということが、左翼系の新聞に書かれていました。

そのように、「日本には、空母はないけども、護衛艦《ごえいかん》という名の〝空母〟が存在する」みたいなかたちで、「戦艦大和《やまと》」に近いぐらいの大きさの、「空母機能を持った護衛艦」が、なぜか出来上がっているわけです。まあ、言葉のあやですけど、そういうふうに着々とやっていて、実質上の牽制《けんせい》は、もう、かけているんです。

酒井　では、実質上、もう手は打っているのですか。

菅義偉守護霊　そういう役所のほうでね。政治のほうは、外向きの外交で言葉を上手に操《あやつ》っていますけど、防衛省と企業が組み、実質上、防衛体制をきちんと水面下では進めていますから。

酒井　「中国や北朝鮮の侵略《しんりゃく》に対して、すでに十分な計画を練っている」と?

菅義偉守護霊　ええ。役所と、軍需《ぐんじゅ》産業にかかわるようなところ、例えば重工業をやっている造船業などでは、すでに、いろいろと水面下の動きが始まっております。

だから、時間を稼《かせ》ぐことが私たちの仕事なんですよ。時間を稼げないで、即《そく》、紛争《ふんそう》がたくさん勃発《ぼっぱつ》したりすると、十分な準備ができていないので、日本にとって不利になるのです。

酒井　ただ、「河野談話」や「村山談話」について、「踏襲しない」と言ったぐらいで、戦争等が勃発しますか。

菅義偉守護霊　まあ、「日本には軍隊がない」と言っても、自衛隊があったりしますからね。

酒井　だから、「そこが矛盾《むじゅん》しているのではないか」と思うのです。

菅義偉守護霊　いや、それは、われわれの力の弱さだと思いますけどね。

靖国参拝《やすくにさんぱい》をすると法案が通らなくなる？

酒井　それは、考え方の筋の問題なのではないかと思います。

例えば、靖国参拝《やすくにさんぱい》に関しては、今も、非常に躊躇《ちゅうちょ》した発言が多いですよね？

菅義偉守護霊　ああ、それはそうです。

酒井　実際には、「首相をはじめ、官房長官《かんぼうちょうかん》も参拝しないのではないか」という話が出ていますが（注。収録当時。結局、八月十五日は、首相も官房長官も靖国参拝を見送った)、靖国問題については、どう思われますか。

菅義偉守護霊　本来はねえ、やっぱり参拝すべきだと思いますよ。ただ、その「参拝する」という行為《こうい》は、いちおう、「我《が》を通す」ということになるわけです。それは、「自分たちの主張を通す」ということでもあるけども、我を通すことによって、たくさん持っている重要な法案を全部通せないで終わってしまうようなことがあってはいけませんのでね。内外から攻撃をたくさん受けると、重要な審議《しんぎ》ができなくなる。目白押《めじろお》しの問題を処理しないで、済ますわけにはいかないのでねえ。

酒井　その重要な審議とは何ですか。

菅義偉守護霊　結局、われわれがやろうとしている国防は、実際上、あなたがたがおっしゃるとおりの国防強化だし、まあ、経済の成長をいっそう加速するための準備もしていかねばなりませんしね。

それから、国土強靱《きょうじん》化基本法で、「日本全国を強化していく」という考え方をやっているんですね。あれは、災害に強い防災計画を含んでおりますが、同時に国防計画でもあるわけです。「二百兆円ぐらい注《つ》ぎ込《こ》んででも、国土を強靱化する」というのは、実は、外国からの攻撃に耐《た》えられるような国土に、いつの間にか変えていこうとしているわけでしてねえ。

自民党にも多い靖国参拝《やすくにさんぱい》に反対の「リベラル派」

酒井　そうすると、「靖国参拝《やすくにさんぱい》」や「歴史観の見直し」を行った場合、自民党内部でも反対する者が増えてくるわけですか。

菅義偉守護霊　まあ、自民党のなかにも、左翼の方というか、リベラル派はだいぶいますのでねえ。

この前、麻生《あそう》さんのナチス発言みたいなのが、ちょっと出ただけでも、あんなに蜂《はち》の巣をつついたような騒《さわ》ぎですからね。全体の文脈から見れば、取り立てて言うほどでもない一部を取って、サーッと騒ぐ。「靖国」というのは、その言葉だけで、一つのシンボルですのでね。

靖国《やすくに》神社に集まってくる「英霊《えいれい》」への慰霊《いれい》は必要

酒井　守護霊様は霊《れい》なので、今、靖国《やすくに》神社がどうなっているか、お分かりですよね？

菅義偉守護霊　それは分かりますよ。

酒井　靖国神社に霊は来ていらっしゃいますか。ちょうど、今は、お盆《ぼん》の時期の近くですが。

菅義偉守護霊　それは来ていますよ。たくさん来ていらっしゃいます。

酒井　来ていらっしゃいますか。

菅義偉守護霊　ああ、もう全国からね。

酒井　守護霊様としては、どうされるのがよいとお考えでしょうか。

菅義偉守護霊　全国、ならびに、中国、韓国、南方戦線のフィリピンやインドネシア、南方の諸島、それから、アメリカ軍に焦土《しょうど》にされた沖縄《おきなわ》、原爆《げんばく》を落とされた所など、いろんな所で亡くなった英霊《えいれい》たちが来ています。

まあ、三百万の英霊たち、全部じゃありませんし、ちゃんと天国に還《かえ》られて、生まれ変わられた方もいらっしゃるでしょうけども、あんな硫黄《いおう》島《とう》みたいな所で悲惨《ひさん》な玉砕《ぎょくさい》をされたような方とか、サイパンで亡くなられた方とか、ガダルカナル島で餓死《がし》された方とか、こんな方々も、みんな八月に集まってきていますよ。

酒井　そうですよね。

菅義偉守護霊　ええ。だから、やっぱり慰霊《いれい》は必要だと思います。

でも、「誰《だれ》がするか」というと、まあ、宮司《ぐうじ》がいることはいるので、「宮司がやればいい」という考えもあるけれども、彼らの気持ち的には、本当は、何て言うか、「自分らを国賊《こくぞく》扱《あつか》いや悪人扱いする考え方に対して、やっぱり、諸外国を説得していただきたい」という気持ちは強いでしょうねえ。

酒井　そうしないと、報《むく》われないのではないですか。

菅義偉守護霊　まあ、そのとおりですよ。

酒井　彼らの気持ちが、報われないのではないですか。

菅義偉守護霊　ええ。そうですよ。そうだけどもねえ。

民意の「根強い反対」に愚痴《ぐち》をこぼす

酒井　今のままでは、国を立て直すことができないのではないですか。

菅義偉守護霊　ええ。まあ、そうなんですけど……。

この国のマスコミというのはねえ、もう本当に私は、ときどき中国がうらやましくなることがあってね。中国は、国益に反することをやったら、すぐ、お取り潰《つぶ》しというか、言論弾圧《だんあつ》で言えなくなるんですよ。

でも、うちは、「国に反することだったら、いくら言っても構わないけど、国益に資することを言ったら、チェックが働く」みたいな感じになっているんですよねえ。

秦　それを、どこかの段階で突破《とっぱ》していかないと、この流れは延々と続いていくと思います。

菅義偉守護霊　ああ、そうなんですけどねえ。

秦　そこが、今、安倍政権に期待されているところではないでしょうか。

酒井　安倍首相のおっしゃっていることを普通に考えれば、昔の中曽根《なかそね》首相と同じように、終戦の日に靖国に参拝しておかしくないと思います。小泉《こいずみ》首相でさえ、参拝しているわけですよね。

菅義偉守護霊　うーん。

酒井　なぜ、これだけ正論を言っている安倍首相が、ここで腰砕《こしくだ》けになるのですか。

菅義偉守護霊　まあ、中曽根さんも、靖国からは引かれたと思うし、それから、昭和天皇も、途中で、七〇年代かなんかで参拝されなくなりましたよね。

だから、ちょっと外国のほうに押されてきたところがあると思うんですが、まあ、何と言いますかねえ、とにかく、日本人には、〝火事〟が大きくなると嫌というか、論争の材料にされるのが嫌で、静かにしておきたいところがあるんですよ。

また、売国奴体質《ばいこくど》みたいなものも確かにあって、すぐ〝身売り〟をするし、自民党のなかでも、けっこう、そこを攻撃してくる者がいるのでねえ。

酒井　ただ、安倍首相が……。

菅義偉守護霊　安倍さん型の考えをしている人が、自民党のなかで、ものすごく多ければいいんですが、「とにかく勝つためのシンボルとして使うけども、考えは一緒《いっしょ》でない」という人が、なかには、かなりいるのでね。

だから、「共通項《きょうつうこう》についてはやれるけど、共通していないところについて、ごり押しすると、なかがまとまらないこともある」ということかねえ。

酒井　安倍首相の考えは、今までの内閣と比べると、「この国を取り戻《もど》そう」という気持ちが強かったと思うのですが。

菅義偉守護霊　うーん。強かったけども、「これほどまで反対が根強い」というのは、やっぱり衝撃《しょうげき》ではありますよ。

尖閣《せんかく》とかで、あれだけ領海・領空侵犯《しんぱん》をされ、それから、去年は、竹島《たけしま》の問題も、あんな状態になっていて、まだ国民がね。

だから、これは、私らの意見だけじゃないんですよ。例えば、沖縄県で選挙をすれば、全部、私たちの考え方やアメリカ軍の考えと違う方向で、民意が出るでしょう？　これを日本から独立させないように、彼らも抱《だ》き込んでいかなきゃいけないから、そういう意味での言葉の使い方が、とても難しいですね。（沖縄の人たちは）もう、〝オコゼ〟になっていらっしゃる。自分たちだけ被害《ひがい》意識がすごく強いですのでねえ。

まあ、民意が、一部、そういうところにあるので、マスコミだけの問題にはならないところがあるんですよ。

ここまで根本的に変えるのは、そうとう大変だと思いますね。

3 「憲法改正」はできるのか

「大勝しても憲法改正は厳しい」という現状分析《ぶんせき》

酒井　そうしますと、憲法改正はできませんよね？

菅義偉守護霊　いや、厳しいです。正直言って、これだけ大勝しても厳しい。

酒井　やれない？

菅義偉守護霊　だから、野党の側で、「自民党に協力して、憲法改正を、どうしてもやろう」と、一緒《いっしょ》に数合わせに頑張《がんば》ってくれるところが出てくればいいけども、公明党は、「私たちがブレーキ役です」と言って宣伝し、ある程度、勝たれましたよね。数の上で公明党はどうしても必要ですけども、あのように公言された以上、彼らも、右翼《うよく》型、あるいは軍国主義型、タカ派色の強い政策に、おいそれとは乗れないで、先延ばししたり、賛成しなかったり、牽制《けんせい》したりすることで、存在感をアピールするでしょうからね。その政権運営を考えると、けっこう厳しいなあと。だから、憲法改正まで行くと、そう簡単なことではありませんねえ。これは厳しい。

維新《いしん》（日本維新の会）は、直前に慰安婦《いあんふ》問題で撃《う》ち落とされて、多数を取れなかったですからねえ。それから、みんなの党のほうも、あまり「大勝した」とは言えない状態で、むしろ、憲法改正反対派の共産党とかが伸《の》びたりしている。

まあ、現実問題として厳しいですね。今、公明党が、「改憲にものすごく賛成」

というのなら、もう少し数を合わせれば、行ける感じはするんですが、基本的には、「まず最初に反対する」と見ています。まあ、公約ですから、あちらもスッとは乗れない。

だから、私の今の考えとしては、アベノミクスで実際上の経済成長まで果たして、日本の景気がよくなって、みんなが実績を認めてくれて、次の選挙ぐらいで、さらなる大勝が……。

酒井　次の選挙？

菅義偉守護霊　うぅーん。だから、まだ三年かかるかもしれない。この三年間で、信用がさらに増していくぐらいなら、やれるかもしれないけど、今の感じだと、弱小野党の大多数は、次の三年後には、なくなっている。たぶん、ないと思うんですよ。
中国がへぼ手を打ち、日本の国論が沸騰《ふっとう》するのを待っている？

酒井　三年後まで待てますか。国防という観点からしたら、それまで待てるでしょうか。

菅義偉守護霊　だから、法律を通さないで、実務レベルでは進んでいるんです、国防は。実務レベルではやっております。

酒井　いざというときに対応できますか。

菅義偉守護霊　分かりません。

酒井　集団的自衛権など、そういう問題について……。

菅義偉守護霊　分かりませんが、日本のマスコミの〝あれ〟から見ると、ちょうど、私らも、今、歴史で学んでおりますけれども、「アメリカのフランクリン・ルーズベルト大統領なんか、こんな心境だったのかなあ」と思うんですよ。

つまり、「日本に先制攻撃《こうげき》をさせないと、『国論』がつくれない」「戦争したいけど、できない」みたいな感じでしょうか。「ルーズベルトは『戦争しない』と公約していたし、アメリカは孤立《こりつ》主義をとっていたから、（参戦）できなかったため、日本に奇襲《きしゅう》させようとして、仕掛《しか》けた」みたいな〝あれ〟ですよね。

そんな感じがあるので、あちらのほうがへぼ手を打ってくれて、国論がもう一回沸騰《ふっとう》しないと、今のところ、やれる感じがしないですなあ。

連立を組んでいる「公明党」をどう見ているか

秦　連立与党《よとう》の公明党は、憲法改正だけでなく、集団的自衛権の行使に関しても「反対」と言っていますが、この部分については、どうお考えですか。

菅義偉守護霊　彼らの考えは、基本的に、「集団的自衛権の行使を認めると、結局、中国が不利になる」という考えでしょう？

つまり、「中国と仲良くすることが、自分たちの存在根拠《こんきょ》」というように考えていて、これが公明党の出発点だし、母体の創価学会《そうかがっかい》の考えですので、そんな簡単ではありませんよ。

そうすると、連立や選挙協力のところも解消になっていきますので、また、〝どろんこ〟になっていきますね。

それに、気をつけないと、次の選挙で野党が全滅《ぜんめつ》していく可能性が高いんですけども、下手をすると、公明党だけが巨大化《きょだい》することだってないわけじゃなくて、もっと大きなキャスティングボートを握《にぎ》られる可能性もありますよね。

今、何とか、自民党だけでも、ギリギリ法案は通せるかもしれないんですけども……。

「中国はフィリピンとの戦いを先に起こす」という読み

酒井　これから三年間で、中国や北朝鮮《きたちょうせん》は、どの程度、日本に仕掛けてくると読んでおられるのでしょうか。

菅義偉守護霊　まあ、読みとしてはですねえ、「日本への戦いは、先にはしないんじゃないか」と、今、読んでいるんです。

酒井　そうですか。三年以内には、そんなに大きな戦いはない？

菅義偉守護霊　フィリピンとやるんじゃないかと思っています。今の感じでいくと、フィリピンと先に始まると思うんです。

フィリピンだと、アメリカが救援《きゅうえん》に入りにくいんですよ。クラーク空軍基地も、地元の反対で撤退《てったい》しています。まあ、日本の沖縄《おきなわ》みたいなもんですよね。「アメリカ軍、出ていけ！」というので、やられている。

まあ、フィリピンは、「最初、スペインに取られ、次、アメリカに取られ、次、日本に取られ……」というようなことを、繰《く》り返しやっていますからねえ。

それで、今は、（南シナ海の島々をめぐって）中国と領土争いをしています。中国は、自分の核心的《かくしん》利益と称《しょう》して、そこに海軍の軍事基地までつくり始めております。

まあ、ベトナムとも争いはあるんですけどもね。ベトナムは、もともと共産主義で同色だったんですけども、今、中国を非常に警戒《けいかい》しているので、中国は、ベトナムを懐柔《かいじゅう》して、ちょっとおとなしくさせ、フィリピンとの戦争に備えているように見えるんですよ。

だから、「もし、中国とフィリピンとで、島嶼《とうしょ》戦というか、島の取り合いで戦いが現実に起きたりすると、日本のマスコミも、『さすがに、これは、まずいんじゃないか』ということで、もうちょっと意見が安倍《あべ》寄りになってくるんじゃないかなあ」と見ているんですよねえ。

安倍《あべ》内閣はフィリピンを見捨てるつもりなのか

酒井　そうすると、中国がフィリピンに侵略行為《しんりゃくこうい》をしても、日本は……。

菅義偉守護霊　集団的自衛権（の行使）を認めていないんだったら、おそらく、日本は、フィリピンを助けに行くこともないでしょう。

酒井　できませんよね。

菅義偉守護霊　自分のところが攻撃されないかぎり、できないんでしょう？　中国もそれが分かっているからね。

日本を攻撃しないかぎり、日本は反撃できないんですから。日本じゃないところを攻撃しても、日本は何もできないし、「アメリカも、フィリピンを助けに出れるか」と言ったら、すぐには出れないですよねえ。

日本を攻撃するならできるけど、フィリピンだけだったら、あのオバマさんの感じだったら、すぐに出るとは思えないね。

酒井　安倍《あべ》内閣としては、フィリピンを見捨てるわけですね？

菅義偉守護霊　見捨てるつもりはないんですけど、そうは言っても、国際世論《せろん》というものがありますし、国連とか多国籍軍《たこくせき》とかができることはありますからねえ。そういう意味での戦い方はありますから……。

酒井　ただ、中国に対して、国際世論が通じるでしょうか。

菅義偉守護霊　（中国は）常任理事国ですから、拒否権《きょひ》を発動して、国連軍はできないでしょう。

あと、ロシアとも難しい関係ですからね。仲良く見せてみたり、距離《きょり》があるように見せたり、もう、くっついたり離《はな》れたりしています。ときどき、合同演習もするけど、ロシアはロシアで、「中国と一体でない」みたいなところも見せているんですよ。日本に天然ガス等を売り込《こ》みたい気持ちもあるからね。だから、ロシアが、ちょっと日和見《ひよりみ》している状況《じょうきょう》なので……。

読みが外れた「憲法九十六条改正」の提案

酒井　そういう他力《たりき》的な考えもあるかと思いますが、「内閣として、こういう方向に世論を変えていきたい」という考えはないのですか。

菅義偉守護霊　だからねえ、憲法九十六条改正を打ち上げたときに、安倍さんのほうは、「九条だったら反対する人も、九十六条なら、もうちょっと緩《ゆる》く見るかなあ」と読んでいたんです。「手続法の改正からいったほうが、柔《やわ》らかいんじゃないか。『手続法を緩和《かんわ》しても、国民投票にかけますから、大丈夫《だいじょうぶ》です。みなさんの意見を聞きますから』ということでやったほうが、入りやすいんじゃないか」と思ったんですよ。

それに、「ほかのところを変えたい」と言う人もいますしね。「道州制をやりたい」とか、「環境権《かんきょう》を入れたい」とか、いろいろと言う人はいるから、「そこは、おたくのほうに持っていきますよ」ということで、例えば、(自民党が)道州制を言えば、「維新」が賛成してくるじゃないですか。みんなの党だって、何か、〝餌《えさ》〟をちゃんとやれば、賛成してくる可能性もあったのでね。

そういう意味で、自民党としては、「今すぐやらなくてもいい」と思うことでも、他党が「やりたい」と言うこともあるから、「それも一緒に改正しますから」ということで、憲法改正勢力を集めるつもりで、九十六条改正のほうを言ったんです。

ただ、意外に憲法記念日あたりを境にして、反対勢力がすごく強くなってきた。憲法改正勢力と思われていた人たちや学者、あるいはマスコミ等までが、「ちょっと疑問だ」と言い出したし、まあ、このへんについては、あなたがたも、最後のほうは、なんか心配なされてきたような感じでしたよね。

確かに、民主党と自民党の政権交代みたいなことが起きたときには、いくらでも憲法が引っ繰り返る可能性はありますからねえ。

うーん。そのへんは怖《こわ》いでしょうね。まあ、公明党だって怖いでしょう。幸福の科学だけでなくてね。

例えば、新聞社がつくっている憲法改正案のなかには、「宗教が政治権力の行使をできないようにする」というような案だってありますから、これをパッとやられる可能性だって、ないわけじゃありません。

だから、そういうつもりで、ちょっと柔らかくやるつもりだったのが、かえって強硬《きょうこう》に、「憲法を全部改正できるぞ」というようなことで脅《おど》しをかけられたり、小沢《おざわ》さんたちのところから、「(自民党の憲法改正案で)九十七条の『国民の基本的人権は永久に守られるべきだ』みたいな内容を外したのは、ちょっと許せない」と批判されたりした。

あと、野党の党首には、弁護士出身の人も多かったので、みんな、うるさくて、ここのところで一つ〝座蕉《ざしょう》〟しているんですよ。

だから、選挙では勝ったけども、ここのところで、全部を束《たば》ねることには成功していないんです。

憲法改正は「アベノミクスの成功」にかかっている?

酒井　そうすると、国防関係、憲法改正関係については、今回の内閣では実現できそうもない感じですか。

菅義偉守護霊　公明党が反対に回った場合、三分の二は取れないですよね？　だから、「提案できない」ということになります。

酒井　うーん……。

菅義偉守護霊　みんなが「九十六条（改正）ならいい」というのに乗ってくれたら、これができて、ついでに（九条改正も）できたんですが、九十六条に乗ってこなかったのでね。まあ、あれは、奇手《きしゅ》というか、予想してない手ではあったんですけども……。

酒井　ここは、けっこう大きな自民党の分岐《ぶんき》点だと思うのです。

菅義偉守護霊　自民党単独で、衆参共に三分の二以上取れば、やれるんですけどもね。

酒井　次、取れなかったら、どうしますか。

菅義偉守護霊　だから、それは、やっぱり、アベノミクスの成功にかかっていますよねえ。三年間、好景気で、ガーッと成長していけばね。

4 「消費税増税」に対する本音

増税の断行は「〝首〟と引き替《か》え」になる可能性が高い

酒井　では次に、経済の話について、詳《くわ》しくお伺《うかが》いしていきたいと思います。

秦　アベノミクスに関しては、今、「非常に景気がよくなってき始めている」ということで、世間《せけん》の評価も上がっていると思いますが、この秋の段階で判断しなければならない消費税の増税についてお伺いしたいと思います。

菅義偉守護霊　うーん。

秦　これは、安倍《あべ》首相が判断されるのでしょうけれども、官房長官《かんぼうちょうかん》の守護霊様の本音としては、どのようにお考えでしょうか。

菅義偉守護霊　まあ……、安倍さんと、官房長官である私の本音は、どちらかといえば、幸福実現党さんのほうに近いことは近いんです。だけど、財務省派というか、麻生《あそう》さんもね、選挙の前の日に、海外から「増税は、予定どおり、きっちりやります」みたいな発信をしたりしていました。

要するに、財政規律派のほうが、「（選挙に）勝ったんだから増税は通せる」というか、「せっかく勝ったんだから、これだけでも手柄《てがら》にしたい」と思っているわけです。

今まで、増税できた内閣はめったになくて、だいたい〝首〟と引き替《か》えですからねえ。

だから、財務省派は、「とにかく、増税さえ通せば、もう安倍内閣は御用済《ごよう》み」と思っている可能性は高い。

でも、もうちょっとやりたいことがあるものだから、「断行する」と言って、五パーセントから八パーセント、十パーセントと上げて、それで〝首〟を取られて終わりになるのはねえ。麻生さんは「次」を狙《ねら》っているのかもしらんけども、まあ、前回、自民党を潰《つぶ》した方ですので、私のほうは、「もう一回は勘弁《かんべん》願いたい」という感じはしております。

あとは、石破《いしば》さんとかも、国防派ではありますけども、非常に慎重《しんちょう》な方でありますので、そんなにグイグイと決断していくとは思えない。やっぱり、三年後まで引っ張っていくだろうとは思います。

そんなに強力な政権基盤《きばん》があるとは思えないので、できれば、私どもはですねえ、「反対の少ないところ、易しいところからでもいいから、法案をいろいろ通して、着々といろんなものの実績をつくっていこう」と考えています。

例えば、福島の復興から、九州、北海道など、いろんな困っているところの問題とか、沖縄《おきなわ》基地問題とかを片づけていって、とにかく、細かく実績を積み上げていき、ある程度、信用を付けていかないと駄目《だめ》かなあと。

あまり難しいものについては、やっぱり「勝負」になるので、「いちおう〝首〟と引き替えになる可能性がある」というふうには思っています。

まだ本物ではないアベノミクスの好景気

菅義偉守護霊　ま、どちらかというと、私もですねえ、「アベノミクスが始まって、七カ月や八カ月ぐらいの、この景気は、まだ本物ではない」という感じはしているのでね。

前の橋本龍太郎《はしもとりゅうたろう》政権のときも、いちおう好景気がちょっとだけ出てから増税に入ったんですが、消費税上げは、三パーセントから五パーセントという、わずか二パーセントだけでしたよねえ。

あれをやっただけで、北海道拓殖《たくしょく》銀行が潰れ、山一證券《やまいちしょうけん》が潰れ、すごい倒産《とうさん》の連鎖《れんさ》でした。その後、「みんな潰れる」「不良債権《さいけん》が多くなった」というので、大企業《きぎょう》の合併《がっぺい》と銀行の合併がいっぱい続いて、まあ、すごかったですからね。あのときは、失業もかなり出て、いきなり景気が腰折《こしお》れしましたのでねえ。

あれは、今よりも、もうちょっと長い期間、景気的にはよかったような気がするんですよ。

だから、アベノミクスの好景気も、ある程度、あるんだけど、もう一つは、消費税上げの前の「駆《か》け込《こ》み需要《じゅよう》」的な面も、やっぱり、あることはある。「上げられる前に住宅を買っておこうか」とか、「長期金利が上がる前に、やっておこう」とか、そういう、いろんな動きもあるので、「これが本物かどうか」「来年の四月以降も続くかどうか」というのは、まだ十分ではない部分があるんですよねえ。

自民党のなかに根強く存在する「増税賛成勢力」

菅義偉守護霊　そういうことで、やや、私たちは否定的ではあるんですけども、やっぱり、財政規律派のほうが（増税を）やりたがっていてね。これも、長年、自民党政権と財務省とが一体になっての悲願《ひがん》ではあったし、さらに、最後のほうの社会福祉《ふくし》のところの、「社会保障と税の一体改革」については、自民党のなかでもかなり根強い。要するに、「これをやらなければ、また野党に奪還《だっかん》をかけられる」ということですかねえ。

つまり、「年を取ってから、病院に安く行けるので、寿命《じゅみょう》が延びているんだ」

「老後が安定しているのは、非常にいいことだ」というのも、かなりの賛成勢力になっているのでね。

ここのところを、「税収がありませんので、切らせていただきます。自腹で病院に行ってください」と突《つ》き放していくと、けっこう厳しいかなあという感じはあります。

これは、安倍さんが最終判断をなされるので、私は何とも言えません。安倍さんが消費税と心中されるつもりなら断行されるでしょうけども、消費税じゃなく、「憲法九条のほうを、どうしてもやり遂《と》げたい」と思うんだったら、財政規律派を何とか説得するための材料をつくるために、これから経済でいい数字をもっともっと上げてきて、「もう少し様子を見たほうがいい」という方向に引っ張るかもしれない。

まあ、これは首相の権限ですので、何とも言えませんけどもね。

財政赤字でも「日本の貯蓄率《ちょちく》」は外国と全然違《ちが》う

酒井 ただ、客観情勢を見ると、政府としては、消費税上げに向かって、いろいろな情報を出しているような気がします。

菅義偉守護霊 うーん、まあ、そうです。政府というよりは、それは財務省ですけどね。

酒井 財務省のほうですか。

菅義偉守護霊 基本的に財務省ですけどね、握《にぎ》っているのは。

酒井　例えば、プライマリーバランス（基礎《きそ》的財政収支）も、二〇二〇年までには、まだ黒字にならないとか……。

菅義偉守護霊　ちょっと、国際的な〝あれ〟だとねえ、外国では、財政赤字がいっぱいあって、どこもかしこも青息吐息《あおいきといき》のところが多いですから。

酒井　はい。

菅義偉守護霊　みんな、借入金が多いところから、潰れたり、おかしくなったりしているから、そういうふうに見る向きもあるんだけども、やっぱり、国民のほうの〝黒字〟というか、貯蓄率《ちょちく》のところが全然違《ちが》うのでね。アメリカと比べても、ほかのところと比べても、貯蓄率がだいぶ違うので、ちょっと、そのへんはあるわねえ。

原発絡《がら》みで相次ぐ「公共料金の値上げ」との関係

菅義偉守護霊　ただ、公共料金の値上げも相次いでいますからね。電気料金の値上げとかが相次いでいるので、やっぱり、「このへんは、どうかなあ」と。これは、原発とも、また絡《から》んでくるでしょう？

酒井　なるほど。

菅義偉守護霊　原発を本当にやめて、代替《だいたい》エネルギーに全部替えていくんだったら、輸入代金は「値上がり」ですのでね。電気料金に上乗せになるし、「新しいエネルギーを開発する」と言っても、これまた研究開発費がそうとう要《い》りますから、いずれにしても、コスト増になりますよね。

だけど、テレビ朝日なんかは、もう、福島原発の汚染《おせん》水問題のところを、いじめていじめて、もう毎日のようにいじめてくるんですよねえ。

私は、そらあ、そういうこともあろうかと思うけども、「今までどおり、何か知恵《ちえ》を結集すれば、何とかできるんじゃないかなあ」とは思っているんですがね。

今は、「地下水に染《し》み込まないように、土地を凍《こお》らせる」だとか、まあ、いろんなことを考えたりしているので、「スーパーマンでも飛んできて、(汚染水を)全部凍らして氷の塊《かたまり》にし、どこか宇宙の果てにでも捨ててくれないかなあ」と思うんですけどね。本当にねえ。

「ギリシャやスペインとの違《ちが》い」を言い返せない日本

秦　消費税増税については、やはり、財務省が、世論《よろん》づくりを含《ふく》めてバックで主導しているのではないかと思います。

菅義偉守護霊　うーん。

秦　財務省は、消費税の増税によって、本当に財政再建ができると思っているのでしょうか。

菅義偉守護霊　まあ、「できる」とは思っていないけども、（増税を）しないと、国際的に、努力しているように見えないというか、よその国は消費税に当たる部分のタックス、つまり、付加価値税、売上税みたいなものが、みな、けっこう高いですからねえ。十何パーセント、二十何パーセントと、けっこうあります。

それに対して、「日本は五パーセントで止めている」というのは、「ずいぶん楽をしているじゃないか。もうちょっと、身を切れよ」というような感じがあるんです。

このへんについて、全然、十分にディベートができていないというかな。「日本は、おまえらの国とは違《ちが》うんだ。ギリシャやスペインと一緒《いっしょ》にするな」ということを言い返せてないですよね。

本当は、彼らと全然体質が違うんだけど、言い返せてないところがありますよねえ。

実は左翼《さよく》からの批判も強い「消費税増税」

菅義偉守護霊　それで、金が余っているような言い方をすると、今度は、「大企業から金を取れ」とか、「大金持ちから巻き上げろ」とか、そんな意見がいっぱい左翼《さよく》から出てくるしねえ。

まあ、できるだけ幅広《はばひろ》いところから取る「公平な税制」にすること自体は、税の理想としてはいいことであって、それをしなければ、一部の高額所得者から、ガッポリ税金を頂くとか、相続税を頂くとか、大企業の社内留保金にガボーッと税金をかけるとか、そんなことをしなきゃいけなくなってくる。

それよりは、「一律にかければいい」ということもあるんだけども、消費税は、老人にもかかるし、失業者にもかかるからねえ。そのへんのところに、左翼からの批判はあるわけだ。

だから、「左翼でないなら、消費税増税でも賛成でいいはずだのに」と、財務省なんかは思っているところがある。

財務省の本音は「消費税三十パーセント」？

菅義偉守護霊　そらあ、国債というかたちでの借入金があることはあるので、これは、いつかは返さなきゃいけないものではあるけど、国民が国債を全部解約してしまったら、やっぱり、国が成り立たなくなることは、成り立たなくなるのでね。

まあ、一般《いっぱん》原則から言えば、自力で収入が、ある程度上がるのが、いいことはいいですよ。それはそうですわね。ただ、今、上げようとしている八パーセントとか十パーセントとかいうのが、おそらく、最終ではないからね。それは分かっている。最終は、二十パーセント、三十パーセントと、どんどん上げていきたいのは、もう分かっているからねえ。

操作された統計数値で増税を判断する？

酒井　そうしますと、この秋、増税は阻止《そし》するおつもりですか。

菅義偉守護霊　いやあ、阻止とまでは言えない。「これは、マスコミ、野党、国民、それから、党内など、いろんな意見を聞き、さらに、数字的な根拠《こんきょ》として、経済成長の指標等をいろいろ見た上で総合的に判断する」と、安倍総理はずっと言っておられます。

酒井　では、経済の数値がよければ、増税はＯＫですか。

菅義偉守護霊　うーん、まあ……。

酒井　官房長官の本音としては？

菅義偉守護霊　だから、低めに予想しといて、それが高めに出たら、「ああ、意外にいいので」という言い方もあるとは思いますけどねえ。
まあ、基本的に、われわれ政府の仕事は税金に基《もと》づいてやってますから、収入が増えることは悪いことではありませんのでねえ。
酒井　ただ、先ほどおっしゃったように、「増税したら、アベノミクスがうまくいかない可能性がある」というわけですから……。
菅義偉守護霊　いやあ、それはありますよ。
酒井　この三年間で勝負をかけるために、もし経済成長にシフトするのであれば、増税の大義名分はなくなりますよね。

菅義偉守護霊　経済成長が、そんな半年でできるわけないじゃないですか（笑）。

酒井　できない？

菅義偉守護霊　ああ、できない。

酒井　しかし、経済指標の数値によっては、増税を決定しますよね。

菅義偉守護霊　彼ら（財務省）は、統計の数値を操作しますからねえ。

酒井　ええ。これを阻止するおつもりが……。

菅義偉守護霊　だから、それで（数値が）いいように見せても、増税が終わったあと、悪くなったって、本当に悪くなったかどうかは分からない。ちゃんと正常な数値に戻《もど》すだけかもしれないのでね。

安倍《あべ》総理の考えを忖度《そんたく》しつつ、麻生《あそう》副総理と調整するのが仕事

酒井　それで、安倍《あべ》総理は、どうするつもりなのですか。数値任せですか。

菅義偉守護霊　そらあ、安倍総理（守護霊）の霊言《れいげん》を聞かないと、ちょっと、それは、いかん……。

酒井　もう、かなり録《と》っているので（『スピリチュアル党首討論——安倍自民党総裁vs.立木《ついき》幸福実現党党首——』『安倍新総理スピリチュアル・インタビュー』

〔以上、幸福実現党刊〕、『「首相公邸《こうてい》の幽霊《ゆうれい》」の正体』〔幸福の科学出版刊〕参照)、これ以上はどうかと思いますよ。

菅義偉守護霊　ええ。分からないですけど……。

酒井　いや、本当は、もう分かっているのではないですか。

菅義偉守護霊　いやあ、私も、それは忖度《そんたく》しているところでして、「麻生《あそう》さんあたりと意見を合わせるか、対決するか」の問題も当然出てくるのでね。麻生さんは、絶対、断行ですから、麻生さんに説得されるようでしたら、事実上、〝麻生総理〟ですよねえ。「ナンバーツーの副総理だけど、事実上、総理だ」ということになりますわね。麻生さんの意見で、そのまま通されたら、あっちが総理ということになる。

酒井　そこをさばくのが、官房長官のお仕事なのではないですか。

菅義偉守護霊　ええ。まあ、そうなの。だから、ナチス発言なんかも、まことに遺憾《いかん》ではあるけれども、ちょっとボディブローみたいに入ってはいて、黙《だま》らせる〝あれ〟にはなっています。

まあ、そのへんは、敵味方、いろいろありますけど、上手に、いろいろ使いながら調整をかけていかないと、いかんのでね。

憲法改正を目指すなら、消費税問題の上手な処理が必要

酒井　幸福実現党の「消費税増税はアベノミクスの効果を否定してしまう」とい

う指摘《してき》については、賛同されますか。

菅義偉守護霊　いやあ、それは、まあ……。

酒井　ご意見は同じですよね。

菅義偉守護霊　安倍さんも信心《しんじん》深いから、「幸福実現党が言っていることは、どうせ当たるんだろうよ」と、「財務省より、たぶん、こっちのほうが当たるだろう」と思っている節《ふし》はありますけどね。

酒井　菅官房長官は、どうですか。

菅義偉守護霊　うーん……。私はねえ、まあ、そんなに責任を取れるほどの立場にはないので……。

酒井　いやいや。「どうするか」ではなく、「どう思っているか」だけで結構です。

菅義偉守護霊　うーん……。それは、「あれもこれも」っていうわけには、なかなかいかない……。

酒井　消費税増税については？

菅義偉守護霊　いや、本当は、首相の気持ちとして、「消費税増税は、いちおう、前からの自民党の公約でもあるので、あくまでも通したい」という気持ちと、

「あと三年間、続投して勝負してみたい」という気持ちの、どちらがお強いのかを、今、見ているわけですよ。

「三年間、どうしてもやりたい。憲法改正を実現するところまで、長期政権を築きたい。三年後も大勝して、憲法改正まで持っていきたい」という気持ちがお強いんだったら、このへんのところは上手に処理しなきゃいけませんね。

麻生さんが、もう一回失言なされたら、それはもう、増税できなくなる可能性が高いですから。

消費税増税で景気が悪くなったら「安倍退陣《あべたいじん》」の流れも

酒井　先ほどの話からすれば、官房長官のご意見としては、「消費税増税は愚策《ぐさく》である」ということでしょうか。

菅義偉守護霊　いやあ、愚策とまでは言いません。正論ですけど、やっぱり、プライオリティーの問題ですので。

酒井　いや、先ほどは、「正論」とはおっしゃっていなかったと思います。

菅義偉守護霊　「何を優先するか」の問題です。

秦　せっかく、国民の支持を得て、経済成長もこれからというところで、消費税を増税すると、一気に景気がポシャる可能性が非常に高いと思います。

菅義偉守護霊　いちおう、アベノミクスの経済政策および経済成長で、政権への支持を頂きましたのでね。それで、秋に景気がポシャった場合は、「公約違反《いはん》だ」

ということで、安倍退陣《あべたいじん》の流れが出ますよね。「一年ぐらいで退陣」というのは、麻生さんなんかが望んでいることでもあるんじゃないですか。

つまり、「人気のある安倍に増税をやらせて、次に、自分が（総理を）やりたい」ぐらいの気持ちなんじゃないですか。

秦　そうすると、安倍首相の増税という判断はないのではありませんか。

菅義偉守護霊　いやあ。でも、するかもしれません。やっぱり、それはするかもしれません。

酒井　要するに、「官房長官としては、バランサーとして動くしかない」ということを言いたいわけですよね。

菅義偉守護霊　うーん。だから、それは、いろいろ諸般の事情が出てくるし、あと、今言った、外国の動きが出た場合には、柔軟《じゅうなん》に考えなきゃいけないし……。

秦　曖昧《あいまい》ですねえ。

「国防強化の場合は基本的に増税」と揺《ゆ》さぶりをかける

菅義偉守護霊　あと、あなたがたが言うように、国防のところを強化するにしても、まあ、幸福実現党は明確におっしゃっておられないけど、国防を増加するときには、いつも借金体質になりますからね。だから、基本的に増税はあるんですよ。さらに、増税で間に合わない場合には、借入金がもっと増える。借金が増えるのが戦時体制ですからね。

だから、戦時体制ということを考えれば、財務省が言っているように「税収を上げていく」というのもいいことではある。まあ、そのへんもあるからね。

酒井　ただ、根本的に、「消費税で行くのかどうか」というところでしょうね。

菅義偉守護霊　うーん……。そうねえ、法人税の減税なんかも抱《だ》き合わせてやるとか、まあ、いろいろあるけれども……。

酒井　それで、「新聞には軽減税率を適用する」みたいな、そういう、ほとんど選挙の思惑《おもわく》だけで、今、物事が動いているような気がするんですよ。

菅義偉守護霊　あまり、おたく様だけが突っ走ると、「宗教法人に課税する」みたいな意見を仕掛《しか》けてきて、いじめるところも出てきますからね。

酒井　黙らせようとして。

菅義偉守護霊　「宗教法人からも幅広く取るべきだ」とかいう意見は当然出てきますからね。

5 「人材難」に苦しむ自民党

「第三の矢」の成長戦略は自民党にとって未知の領域

酒井　ただ、「経済成長を本当に見据《みす》えて、どんな手を打つか」と考えれば、おのずから意見は決まってくると思うのです。

菅義偉守護霊　いや……。

酒井　そこが、安倍《あべ》さんと……。

菅義偉守護霊　いやあ、そうでもないんですよ。「第一の矢」は、要するに、「金融緩和《きんゆうかんわ》」のところのアイデアは、おたく（幸福実現党）から出ているかもしれないけれども、「第二の矢」の「財政出動」は、自民党の十八番《おはこ》で、昔からやってきたことでありますから、これは、まあ、やることではあります。

しかし、「第三の矢」の「成長戦略」については、本当を言うと、未知数のところがあるんですよ。

酒井　そこは分からないと？

菅義偉守護霊　ああ。それは分からないんですよ、やってみないと。

酒井　今回、堺屋太一《さかいやたいち》さんがブレーンに入ってきたみたいですけどね。

菅義偉守護霊　ええ。これは、本当にやってみないと、どの程度うまくいくか、予想がつかない。

酒井　実際に、安倍さんにも分からないのですか。

菅義偉守護霊　全然分からない。

酒井　全然分からない？

菅義偉守護霊　全然分からないです。

酒井　そうですか。

菅義偉守護霊　まったく未知の領域なんです。日銀の金融緩和ぐらいで「異次元発想」なんて言うぐらいですから、こんなのは、もっともっと「異次元」ですよ。

酒井　では、今、ここで手詰《てづ》まり状態なのですか。

菅義偉守護霊　分からないですよ。ええ。

酒井　ああ。

菅義偉守護霊　分からないんですよ。だから、経済成長を言っていても、もう一回、東日本大震災《だいしんさい》みたいなのが起きたら、例えば、南海トラフの大地震でも起こされたら、たちまち、まったくのマイナス成長になる。

言葉だけで中身がない安倍《あべ》政権の「成長戦略」

酒井　官房長官《かんぼうちょうかん》も安倍《あべ》さんも、もっと幸福実現党の本を読むべきですね。

菅義偉守護霊　まあ、そうだけど、うーん……。それは難しいんですよ、本当に。

酒井　その財政出動の使い道を、もっと考えなければいけないと思うんですよ。

菅義偉守護霊　だから、増税しないんだったら、やっぱり、何て言うの？　「出費の軽減をすべきだ」ということで、前回の民主党の〝あれ〟に戻《もど》るんですよ。また公務員のカットから、出費のカット、財政のカットとか、そちらのほうを、マスコミも必ず言い始めるのでね。

その緊縮《きんしゅく》財政型をやると、景気がよくならないのは間違《まちが》いないんですよねえ。景気がよくならないのは分かっている。だけど、マスコミは、これをまた、「バブルだ」と言い立ててきますからね、きっと。やっぱり、ここのところは厳しいですねえ。

酒井　うーん、では、成長戦略については、「言葉だけで中身がない」というのが現状ですね。

菅義偉守護霊　まあ、ないですねえ。

酒井　ないですか（笑）。

菅義偉守護霊　ああ。はっきり言って「ない」ですよ。

酒井　それは困りましたね。

マスコミの批判が怖《こわ》くて「国土強靱《きょうじん》化政策」はできない？

菅義偉守護霊　来年まで予想がついていないです。

酒井　いや、当会の本で早く勉強してください。ちょっと読み込《こ》みが足りないと思います。

菅義偉守護霊　来年の予想は全然ついていない。

秦　幸福実現党の具体的な政策がありますので。

酒井　やってみてくださいよ。二百兆円ぐらい。自民党にも国土強靱《きょうじん》化政策がありますけど……。

菅義偉守護霊　いや、幸福実現党はいいですよ。まだ、マスコミから批判されないから、いいじゃないですか。

酒井　いやいや。その強靱化政策を本当にやってみたらいかがですか。

菅義偉守護霊　うちが「国土強靱化をやりたい」と言ったって、「無駄金《むだがね》」と言われる。「東日本大震災の救済のための資金が、九州の町おこしに使われている」とか、そんなのをすぐ暴《あば》かれるでしょう?

酒井　「そのお金を何に使えばよいか」ということも、本に書いてありますから、本当に、それをやったほうがいいと思いますよ。

菅義偉守護霊　うーん。

「安倍《あべ》総理がいつまでもつか」は官房長官《かんぼうちょうかん》の操縦しだい

酒井　ただ、今の話を聞いていると、安倍《あべ》さんが本当にもつかどうかは、かなり未知数ですね。

菅義偉守護霊　いや。もたせるかどうかは、私にかかっていると思うんです。

酒井　あなたにかかっている？

菅義偉守護霊　私の、何て言うか、操縦？

酒井　はい。

菅義偉守護霊　操縦にかかっていると思うんですよ。だから……。

酒井　今、どうお考えですか。

菅義偉守護霊　ああ、玉砕《ぎょくさい》はさせたくないね。

酒井　どのくらいもつとお考えですか。

菅義偉守護霊　うーん……。やり方によるな、やっぱり。やり方によりますなあ。

酒井　やり方というと？　具体的には？

菅義偉守護霊　「麻生《あそう》さん型」だったら、この秋で、もう終わりですわ。十二月までもてばいいほうで、麻生さんが総理だった場合は、一年で終わると思います。

だから、そうはさせたくないので……。

酒井　そうですね。

菅義偉守護霊　ええ。

安倍《あべ》政権を長くもたせるのに必要なのは「援軍《えんぐん》」と「籠城《ろうじょう》」

酒井　そのためには何が必要ですか。

菅義偉守護霊　うーん、だから……。一つは、援軍《えんぐん》。もう一つは籠城《ろうじょう》策ですよね。

どちらかしかない。

酒井 「援軍」とは何ですか。

菅義偉守護霊 援軍とは、つまり、あなたがたみたいなところが、もっともっと力を持ってくれたり、まあ、そういう言論とかの応援者が出てくるようなことが援軍です。

あるいは、アメリカなどの外国からの援軍。あるいは、フィリピンやベトナムから、日本に「助けてくれ」みたいなことを公式にいっぱい言ってくるとかね。まあ、こんなのが援軍に当たる。

酒井 うーん。なるほど。

菅義偉守護霊 こういう援軍がある場合と……。

酒井　「籠城策」というのは何でしょう？

菅義偉守護霊　籠城策というのは、「とにかく時間を稼《かせ》ぐ」という……。

酒井　時間を稼ぐ？（苦笑）何もしないわけですか。

菅義偉守護霊　安倍さんは、ぶら下がり取材を一切拒否《いっさいきょひ》する。

酒井　（苦笑）

菅義偉守護霊　私は、無駄なことを一切言わない。これが籠城策です。

秦　それが籠城策だと？

菅義偉守護霊　ええ。とにかく、三年間もたせているうちに、あるいは、私たちが籠城しているだけでも、景気指標がどんどん上がっていく場合もあるでしょう？

そういう場合には、またちょっと考えが変わっていきますからねえ。

下手をすると「何もしない内閣」になる可能性も

酒井　ただ、増税したら無理ですよね。

菅義偉守護霊　そらあ、結論は出るでしょうね。

酒井　籠城しているうちに、そのまま、水攻《みずぜ》めのような状態で……。

秦　その段階で、結論が一つ出ると思います。

菅義偉守護霊　うーん……。増税したら、出るでしょうねえ。

酒井　そうすると、今、これは、ほぼ援軍待ちの状態ですね。

菅義偉守護霊　いや。まだ分からないですよ。靖国《やすくに》が、まだちょっとね。今は八月の八日ですか。まあ、靖国問題について、われわれは、なるべく目立たない方向で行こうとしますから、たぶん、首相官邸《かんてい》の屋上から拝《おが》むぐらいの感じになるかと思いますが。

酒井　うーん、なるほど。では、下手をすると、この内閣では何もしない可能性もありますね。

言論でマスコミに打ち返せる「強力なブレーン」が必要

菅義偉守護霊　だから、まあ……。もう一つ、ブレーンが入っておればねえ。

酒井　ブレーン？

菅義偉守護霊　うーん。もう一つ。

酒井　どこに何のブレーンが必要なのですか。

菅義偉守護霊　（舌打ち）だから、例えば、政調会長とかねえ。

酒井　はい。

菅義偉守護霊　まあ、高市《たかいち》（早苗《さなえ》）さんも替《か》えないでやろうとしているのかもしらんですけど、あのへんで、昔使った堺屋太一さんじゃないが、ああいう人が役に立ったこともありますわね。昔、何だっけ？　小渕《おぶち》内閣のときとかはね。

あるいは、そのあと、小泉《こいずみ》さんのときは、やっぱり、経済学者の、ええと何でしたっけ？

酒井　慶応《けいおう》の……。

菅義偉守護霊　あの慶応の先生。（聴聞席《ちょうもんせき》から「竹中《たけなか》」との声）竹中平蔵《へいぞう》さんか。

酒井　はい。

菅義偉守護霊　竹中平蔵さんが粘《ねば》られたけども、例えば、あのクラスの人が一枚入って、経済政策のところを、十分、言論でマスコミに打ち返すことができればね。

酒井　はい。

菅義偉守護霊　だけども、「秋には、まだ内閣改造をしない」とか言うてますからね。そういうサプライズで、何か一人、強力な人が要《い》るけど、浜田《はまだ》（宏一《こういち》）さんじゃ、ちょっと年を取っているから、今、入れても駄目でしょうね。

酒井　そうですね。

菅義偉守護霊　それがあれば、ちょっと、また違いは出るかもしれませんけどねえ。

酒井　なるほど。

広島で「原子力推進」を言った安倍《あべ》総理には勇気がある?

菅義偉守護霊　広島の原爆《げんばく》式典(原爆死没《しぼつ》者慰霊《いれい》式・平和祈念《きねん》式)の日に、総理が公式に、「原子力政策は、安全性を確かめつつ推進する」と言うのは、これでも、そうとう勇気が要るんですよ。

酒井　うーん、まあ……。

菅義偉守護霊　もう、「『原子力』と名が付きゃ、何もかも否定」という環境《かんきょう》のなかで言っただけでも、歴代総理のなかでは、かなり勇気があるほうなんですよ、政治家として。

酒井　ああ、そうですか。これだけ、電気代が上がっているので、当然、言わざるをえないでしょうね。

菅義偉守護霊　ええ。だけども、広島も、まあ、沖縄《おきなわ》と一緒《いっしょ》なんですよ。広島は広島で、もう、「（原子力に対して）とにかく反対を言わなければ人間じゃない」という考えですから。

酒井　うーん。

菅義偉守護霊　普段《ふだん》の日はともかく、特に、原爆の記念式典のときには、「とにかく、一切の原子力兵器につながるようなものは否定する」というのは……。

酒井　ただ、広島市長も、そういうことは言っていませんからね。

秦　でも、それが難しいとなると、原発の再開に関しても、やはり「籠城作戦」で、ずっと判断しないような……。

菅義偉守護霊　そらあ、そうでしょうね。だから、（電気料金が）値上がりし、節電して老人とかが大勢亡《な》くなったりして、マスコミを非難するような声や、宗教団体からの投書などがたくさんあるといいですね。

酒井　それは〝他力本願《たりきほんがん》〟ですけれどもね。

「単眼」で一つのことしかできない石破《いしば》氏

酒井　そうしますと、自民党には人材はいないのですか。

菅義偉守護霊　あ、いませんね。

酒井　いない？

菅義偉守護霊　はっきり言って、いません。

酒井　次の総理をやれる人がいないわけですか。

菅義偉守護霊　いや、この層でねえ、よくこれだけ勝てましたよ。

酒井　そうしますと、麻生さんは、もう見切っているでしょうが、石破《いしば》さんについては、どう思われますか。

菅義偉守護霊　うーん、まあ、老獪《ろうかい》な方ではありますからね。ただ、どうですかなあ。「単眼」だと思うんですよ。

酒井　なるほど。

菅義偉守護霊　頭が単線だと思うんですよね。だから、一つしかできないと思う。

酒井　一つしかできない？

菅義偉守護霊　この人も、たぶん一つ。

酒井　では、二つのことが起きたら、もう……。

菅義偉守護霊　できるのは一つ。

酒井　経済と国防の両方はできないですね。

菅義偉守護霊　まあ、「銀行員だった」と言っていますけど、本当は、経済が分からないんじゃないかなあ。

酒井　たぶん怪《あや》しいですね。

菅義偉守護霊　銀行員といっても、帳尻《ちょうじり》を合わせるほうの経理しか分からないんじゃないかと思うんですよねえ。

酒井　そうしますと、ほかには人材がいない？

菅義偉守護霊　だから、あの小泉進次郎《こいずみしんじろう》まで飛んじゃうことになるかねえ。

酒井　そうですか。

能力は高いが実績が伴《ともな》うか分からない石原伸晃《いしはらのぶてる》氏

酒井　石原伸晃《いしはらのぶてる》さんについては、どうですか。

菅義偉守護霊　うーん、まあ、今は不利な状況《じょうきょう》ですね。親父《おやじ》さんが〝疫病神《やくびょうがみ》〟になっていますよねえ、はっきり言って。

酒井　なるほど。

菅義偉守護霊　親父さんが、ヨタヨタしながら、「維新《いしん》」とかでやったりして、自民党に弓を引いて……。

酒井　能力的には、どう思われていますか。

菅義偉守護霊　え？

酒井　石原伸晃さんの能力は？

菅義偉守護霊　いや。能力について、私には、人のことを語る資格がないので分かりません。

酒井　あ、そうですか。

菅義偉守護霊　能力的なポテンシャルは高いんだろうと思いますが、それが、政治家として、どれだけの実績を伴《ともな》うような能力になるかどうかは、何とも言えないですねえ。

酒井　なるほど。

6 「強すぎるマスコミ」という問題

大川隆法が自民党の〝マスコミ対応相〟になれば政権はもつ？

酒井　幸福実現党のなかに、「これは！」と思う方はいます？

菅義偉守護霊　うーん、幸福実現党ですか。

まあ、優秀《ゆうしゅう》な方が多いのは、そうなんだろうと思いますが、実際の行政経験が十分ではないので、「こういうことを言ったら、どのようになるか」みたいなところの読みは、まだ十分ではない感じがします。

やっぱり、幸福実現党も、戦いを続けて、何十人か当選するところまでは実績をつくらないと、そう簡単に使えるようなところまで行かないですねえ。今、即戦力《そくせんりょく》で使える人は大川隆法さんだけですよ。この人に、無任所でいいから、どこかのポストにスポッと入っていただければ……。

酒井　いやいや、ポストの話ではなくて、大川隆法総裁の本を読んでください。

菅義偉守護霊　要するに、〝マスコミ対応相〟とかで入っていただいて、「とにかく、マスコミはここを相手にしてください」とやれば、もう、政権はもちます。

酒井　いや、それは失礼ですよ。大川総裁は、総理大臣よりも上ですから、ちょっと勘弁《かんべん》してください。

菅義偉守護霊　いやあ、まあ、それはそうなんだろうと分かりつつもですねえ、「神が天降《あまくだ》る」っていうことだって、あるじゃないですか。

酒井　いやいやいや。

菅義偉守護霊　ええ。

マスコミを黙《だま》らせるために「マスコミ人材」を引き抜《ぬ》く策も

秦　そういった感じで、今、非常に危ない橋を渡《わた》りつつあるようなのですが……。

菅義偉守護霊　うーん。政権は、多数ですから、何もしなければもつんです。

秦　何もしなければ（苦笑）……。

菅義偉守護霊　うん、うん。

秦　では、今後、その内閣支持率が急降下して、崩壊《ほうかい》するきっかけになるとしたら、何があるとお考えでしょうか。

菅義偉守護霊　うーん……。まあ、今回の選挙に関しては、反原発勢力も巻き返してきたし、さらに、平和憲法、つまり、九条絡《がら》みの憲法改正反対勢力の巻き返し、および、九十六条（改正）に嚙《か》みついた人もいるので、そちらからの巻き返しもあった。それから、韓国《かんこく》や中国等の諸外国も巻き込《こ》んでの巻き返し等、いろいろございます。

まあ、いずれにしても、今のところ、私は守り専門なので、やっぱり、攻《せ》めをしてくれる人は必要です。

ただ、その攻めも、麻生《あそう》さん的な、言葉に軽さがあるようだと、やっぱり勇み足になるので、何と言うか、もう一段のしたたかさのある攻めをする人を、今、使わなければいけないと思うんです。

しかし、自民党には、もう人材が、そういないんですわ。残念ながら存在しない。というか、マスコミのほうが強くなりすぎていますよ。はっきり言って、強すぎますわ。

酒井　そうですか。

菅義偉守護霊　ああ、強すぎます。ただ、マスコミの人だって、そんなにできるわけじゃないと思うんです。これを黙《だま》らすとしたら、「マスコミの人材を引き抜《ぬ》いて、こちらに据《す》える」っていう手もありますけどね。そうしたら、しばらく黙る可能性もあるんですが。

酒井　マスコミ対策について、今、何か、お考えのことはありますか。

菅義偉守護霊　例えば、「池上彰《いけがみあきら》さんあたりを、その前の堺屋《さかいや》（太一《たいち》）さんや竹中平蔵《たけなかへいぞう》さんみたいに使う」っていう手は、あるかもしれないと思うんですけどね。マスコミのほうを、ちょっと黙らせるのに使える。

酒井　「人材起用」というところですね？

菅義偉守護霊　そうそうそう。そういうのが一つあったら、それで、ちょっとはフレッシュな感じがするでしょ？

大きくなりすぎた日本のマスコミは「淘汰《とうた》されるべき」

酒井　マスコミ自体に手をつけることは、もう、ないのですか。

菅義偉守護霊　いやあ、強いですよぉ。やっぱり、そうとう強いですね。

酒井　再販制度の問題や、新聞……。

菅義偉守護霊　うーん。そうは、なかなか……。向こうも老獪《ろうかい》ですよ。

酒井　新聞の消費税は、ちゃんと上がりますかね？

菅義偉守護霊　いやあ、これは死闘《しとう》ですよ。これは、本当に血みどろの戦いになる。

酒井　やはり、軽減税率適用ということになります？

菅義偉守護霊　分かりません。よく分からないけど、向こうも、潰《つぶ》れるかどうかがかかっていて命《いのち》懸《が》けなので、死闘だと思います。

酒井　アメリカでは、もう潰れに入っていますよね。

菅義偉守護霊　潰れるところが、いっぱい出ていますよねえ。

酒井　はい。

菅義偉守護霊　だけど、そこまで日本ができるかどうかは分からない。マスコミのほうが大きくなりすぎていますのでね。

酒井　ええ。

菅義偉守護霊　大きくなりすぎて、本当は、あんなにたくさんは要《い》らないですよ。実を言うとね。

ほかの業界は淘汰《とうた》されましたよ。例えば、銀行とかは、メガバンクで統廃合《とうはいごう》される二十年も前から、ドラッカーさんに、「日本の銀行は多すぎる。都市銀行だけで二十行《こう》ぐらいあるが、これは、三、四行に収斂《しゅうれん》される」みたいなことを言われていましたよね。

新聞やテレビについても、どこかが、そんなことを言うてくれてもいいぐらいですけどねえ。

酒井　テレビなどは、ほとんどが同じような論調ですから。

菅義偉守護霊　同じですよ。

酒井　もっとたくさん意見を言わせたほうがよいのではないですか。

菅義偉守護霊　まあ、許認可権限はあるけども、ちょっと文句《もんく》を言うと、どこも、すぐ盾突《たてつ》いてくるっていうか、こちらの問題を言ってきますからね。

ＮＨＫとは別に「国営放送」をつくってしまう手もある

酒井　しかし、これをやらないかぎり、今のように、本当に言いたいことも言えないし、他国の言いなりにならなくてはいけません。

菅義偉守護霊　ああ。

酒井　これは、大きな問題を抱《かか》えていますよね。

菅義偉守護霊　ＮＨＫが、「自分たちは、税金を中心にやっているわけではなくて、受信料を集めてやっている」と称《しょう》して、「国営放送ではない。公共放送だ」とか、のたまわってる。それだったら、本当の国営放送が欲《ほ》しいぐらいですよねえ（『ＮＨＫはなぜ幸福実現党の報道をしないのか』『ジョーズに勝った尖閣男《せんかくおとこ》』〔共に幸福の科学出版刊〕参照）。

酒井　そうしたほうが、よいのではないですか。安倍《あべ》さんは、朝日新聞やＮＨＫなどに、本当に腹が立ってしようがないのではないですかね。

菅義偉守護霊　まあ、国営放送があって、ホワイトハウスの大統領執務室《しつむ》から放送するような感じで、何か、ちょっとの時間だけでもいいからあっても……。

酒井　いや、もう〝自爆《じばく》〟してもいいので、そこについて、戦ったらどうなのでしょうか。

菅義偉守護霊　だけど、それを独占《どくせん》して、「自分らの放送局だけから流して、ほかのところからは受けない」とかいうのは、やっぱり許さないでしょうね。

酒井　うーん。

菅義偉守護霊　かなりきつい。

「大手マスコミに株式を上場させる」という方法も有効

酒井　やはり、テレビなどにしても、メディアを多くすることが必要ではないですか。

菅義偉守護霊　うーん。まあ、それは、多くなったら、全部を見られるわけじゃないからねえ。やっぱり、メジャー局というか、キーステーションのところが強いですよ。だから、ＢＳとか、いっぱいあっても、まだ力が弱いですよね。

酒井　まあ、ＢＳには、「多少、お金を払《はら》わなければいけない」とか、「機械を入れなくてはいけない」とかがあるので、今のメジャーのテレビ局を、何とか分散させる方法などが要るのではないでしょうか。

菅義偉守護霊　いや、これに手をつけると、必ず、〝命〟を取りに来ますからねえ。

酒井　しかし、ここは、いちばん大きな問題なのではないかと思っているのですが……。

菅義偉守護霊　それについてはね、一つは、彼らも全部、株式を上場させてやるのがいちばんいいんですよ。そうすると、株主が民主主義を発動して、意見を言うのでね。

酒井　そうですね。

菅義偉守護霊　だけど、だいたい（株式を）公開していないところが多くて、一族で持っているようなところが多いのでねえ。

酒井　そうですね。ただ、そうすれば、菅官房長官《かんぼうちょうかん》も、もっと自由に言いたいことが言える人間性になるのではないかと思うのです。

菅義偉守護霊　いや、私には中身がないから、自由になったって、言うことはないと思う。

酒井　いやいや。

7 「忠義」に生きる魂《たましい》

「強み」は一介《いっかい》の従業員となっても淡々《たんたん》と働ける無欲さ

酒井　では、菅官房長官《かんぼうちょうかん》ご自身のお話について、お聴《き》かせいただきたいと思います。

秦　これまでに、さまざまなことをお伺《うかが》いしてきましたが、そつのない、隙《すき》を見せないお話を頂き、非常にすごい方だと感じております。

そこで、菅官房長官ご自身の「強み」が、いったい、どういうところにあるのかをお伺いしたいと思います。

菅義偉守護霊　うーん……。

秦　たいへんな苦学をして、ここまで来られた方だと思うのですが。

菅義偉守護霊　うーん。いや、「強み」っていうほどのものがあるかどうかは分かりません。

ただ、何と言うか、スタート点が低いのでね。ほかの人だったら、「名誉《めいよ》が傷ついた」というようなことでも、大丈夫《だいじょうぶ》なところがありますね。

まあ、「総理大臣の孫」だとかいうことでね、安倍《あべ》さんであろうと、麻生《あそう》さんであろうと、あと、名家《めいか》の鳩山《はとやま》さんもそうだけど、「建前《たてまえ》」とか「栄誉」とか、そういうものに、やっぱり、少し弱いところがあると思うんですが、私は、そういうものに弱くないといいますか、失っても別に構わない。

私なんか、明日、東京都水道局勤務になったとしても、まあ、淡々《たんたん》と仕事をやるんじゃないかと思いますよ。ええ。

そういう意味では、名誉心のためにやる気がないので、まあ、こんなのが「強み」と言えば「強み」だとは思います。

酒井　ああ、それは強みですね。そういう政治家は、なかなかいません。

菅義偉守護霊　ええ。東京都水道局、安倍さんには無理でしょう？　麻生さんも無理でしょう？　鳩山さんも無理でしょう？

酒井　はい。

菅義偉守護霊　だけど、私はいけますよ。勤められます。水道局で、場合によっては、作業着を着てやりますよ。

酒井　なるほど。

もし「首相のオファー」が来ても断って逃《に》げる

酒井　そうすると、首相を目指してはいらっしゃらないのですか。

菅義偉守護霊　全然、目指してません。もう……。

酒井　では、「首相をやってください」という話が来たら、どうしますか。

菅義偉守護霊　いや、もう、それは逃《に》げます。

酒井　逃げますか（笑）。

菅義偉守護霊　ええ、逃げますよ。それは、もう断ります。「もっと見てくれのいい人を立てるべきだ」と言いますわ。

酒井　なるほど。

菅義偉守護霊　私がするぐらいだったら、そらあ、この前、石破《いしば》さんが党員投票で一位だったから、石破さんがしたほうがいいと思うよ。（在任期間が）長いかどうかは知りませんけどね。まあ、慎重《しんちょう》な方ですから、自分自身が官房長官を兼《か》ねるんじゃないですか。首相と官房長官を兼ねたような人なんじゃないですか。

酒井　なるほど。

自民大敗の二〇〇九年衆院選でも辛勝《しんしょう》できた背景

酒井　「苦労人」ということなんですが、二〇〇九年の衆院選で、菅さんは、わずか五百票差で当選されたとのことですよね。

菅義偉守護霊　エヘッ！

酒井　このときは、幸福実現党が神奈川《かながわ》2区の候補者を降ろし、菅さんに選挙協力をしたことによって、その結果を左右したかたちになったわけですが……。

菅義偉守護霊　いやぁ、聞きにくいことを言うねえ。

酒井　これに対しては、どう思われていますか。

菅義偉守護霊　いや、耳が痛いですね。そらあ……。

酒井　その後、幸福実現党の者とはお会いされていないようですね。あるいは、幸福の科学のほうの者にもお会いされていないように聞いております。

菅義偉守護霊　それは、まあ、ちょっと忙《いそが》しいんでねえ。

酒井　ただ、「苦労人」という触《ふ》れ込《こ》みなら、そういうところはきちんとされないと……。

菅義偉守護霊　立場もあるから、そう全部はツーツーというわけにもいかんのでね。今はなるべく……。

酒井　当時は野党のときですよね。

菅義偉守護霊　ええ、まあ、そう、そうだったかねえ。二〇〇九年ですか。

酒井　そうです。

菅義偉守護霊　え？　二〇〇九年？

酒井　二〇〇九年の衆院選です。

菅義偉守護霊　ああ、負けたときのやつだ。あれね。

酒井　はい。そのあと、自民党は野党になって……。

菅義偉守護霊　まあ、でも、私のほうは五百票差で勝ったかもしれないけども、おたく様が働かれたことで保守分裂《ぶんれつ》が起きて、民主党の大勝利になった面もあるからね。（自民党の候補者には）落ちた人もたくさんおりますのでねえ。

そのへんがあるから、私がおたく様に、「いろいろとありがとうございました」と公式に言うようなことを、ほかの人に知られるわけにはいかんのですよ。うーん。あのときに落ちた人が大勢いますでしょう? 首相候補でも、涙《なみだ》をのんだ人がたくさんいたのでね。うん。

酒井　ただ、あのときは確か、菅さんの選挙区のほかに、他党を応援《おうえん》したところはほとんどなく、あと幾《いく》つかしかなかったんですよ。

菅義偉守護霊　ええ。まあ……、いや、それについては、よう分かっておりますよ。だから、いつか恩返しするつもりではおりますけどもねえ。

酒井　そうですか。そういう意図で申し上げたわけではないのですが、官房長官の人格から考えると、あのあたりのところは、応援した人たちも、いまひとつスッキリしない感じだろうと思ったものですから……。

菅義偉守護霊　いやいや、自民党があれだけ大敗しているなかですから、そうは言ったって、〝お葬式《そうしき》〟のときですのでね。やっぱり、〝お葬式〟で〝餅《もち》〟を配るようなことをするわけにはいかんのですよ。

酒井　そうですか。そんなことで、人心《じんしん》が離《はな》れないほうがいいかなあとは思いましたのでね。

菅義偉守護霊　うーん。まあ、それは、微妙《びみょう》に感じるものがありますけども、私としては、もう、年齢《ねんれい》もこんなものですので、「最後のお勤め」かと思っております。

酒井　そうですか。

安倍《あべ》首相が後世《こうせい》に名を遺《のこ》すための「ライフワーク」とは

菅義偉守護霊　ただ、安倍《あべ》さんは、やりたいことをまだやれていないのでねえ。安倍さんのライフワークとしては、「消費税上げ」で終わりではないと思うんですよ。たぶん、第一順位は違《ちが》うはずで、やっぱり、「憲法改正をやって、歴史に名を遺《のこ》したい」という気持ちをお持ちだと思うんですね。

いやあ、何とかそこまではですねえ、公明党の抱《だ》き込みをやらないといけないし、あとは、「維新《いしん》」「みんな」あたりの抱き込みをかけなきゃいけないのでね。まあ、このへんを、どういうふうにするかというところですよねえ。

秦 そのあたりについては、ほかの野党との連携《れんけい》も視野に入れ始めていらっしゃるのですね。

菅義偉守護霊 やっぱり、有事のときには、上手に説得しなきゃいかんですよねえ。だから、うん……。

秦 そうですね。

過去世《かこぜ》は「忠臣《ちゅうしん》の鑑《かがみ》」として名高い義士と判明

酒井 それでは、最後に、霊的《れいてき》な話になりますが、菅官房長官の守護霊であるあなたは、今、あの世にいらっしゃることについて、ご存じですか。

菅義偉守護霊　うーん、まあ、そりゃそうでしょうよ（笑）。そりゃあ、そうでしょうなあ。肉体を持っていないいんですから。

酒井　なるほど。では、守護霊さんご自身は、いつの時代の方なのでしょうか。

菅義偉守護霊　まあ……、私は、いつの時代の人になるんでしょうかねえ。うーん……、何だか、高輪《たかなわ》の泉岳寺《せんがくじ》に縁《えん》があるような感じがしますねえ。

酒井　泉岳寺ということは、「四十七士《しじゅうしちし》」ですか。

菅義偉守護霊　ハハハ……。困っちゃうね。こんなことを言うと、ちょっとまずいかな？ おたく様の〝後ろ〟で眠《ねむ》っているような気がして、しょうがないですな。

酒井　はい？ 後ろですか。

菅義偉守護霊　うーん。おたく様の……。

秦　ああ、泉岳寺の隣《となり》にある東京正心館《しょうしんかん》をご存じなのですね。

菅義偉守護霊　幸福の科学さんの東京正心館の後ろで眠っているような感じがしますなあ。

秦　そうしますと、非常に有名な方ですが、大石内蔵助《おおいしくらのすけ》ですか。

菅義偉守護霊　いやあ……、まあ、それはどうですかね。分かりませんが、まあ……、どうですかねえ。ええ……。

秦　非常に統率《とうそつ》力や調整力があり、裏で淡々と準備をして、討《う》ち入りに臨《のぞ》んだ方でしたが。

菅義偉守護霊　いや、潰《つぶ》れた藩《はん》の話ですからね。潰れた藩の「玉砕論《ぎょくさい》」の話ですから。

酒井　ただ、そのリーダーであったことは事実ですか。

菅義偉守護霊　ええ。まあ、そういうことですね。

酒井　なるほど。この三年間をじっと耐《た》え、〝討《う》ち入り〟のチャンスを狙《ねら》う

菅義偉守護霊　その意味で、私には、忍耐力《にんたいりょく》はあるんですよ。

酒井　ああ……。

菅義偉守護霊　だから、「事を成すまでは、じっと耐《た》える」というかね、「バカだ」と言われても、「昼行灯《ひるあんどん》」と言われても、そのときが来るまでは、じっと耐

えて、ここ一番のときに大勝負をかけ、いちばんやりたいことを実践《じっせん》する。

酒井　なるほど。

菅義偉守護霊　安倍さんがいちばんやりたいのは、おそらく、「憲法九条の改正」だろうから、やっぱり、この大一番に勝負をかけるために力をためて、チャンスを狙《ねら》いたいと思っている。

「この三年の間にはチャンスが来る」と見ているのでね。

酒井　その場合の「敵」とは、どのようなものですか。

菅義偉守護霊　いやあ、「敵」は、まあ、いろいろあると思います。たくさんあると思いますが、その間は、ほかのことをしているように見せながらやらないといけないですから、いろんなことをやっているように、こう……。

酒井　要するに、それほど狙っていないように見せて……。

菅義偉守護霊　警戒《けいかい》させないためには、いろんなことに関心があるように見せて……。

酒井　かつての討《う》ち入り前のように、遊んでいるふりをしたり（笑）……。

菅義偉守護霊　いや、遊んでるふりはやらないけど（会場笑）。まあ、消費税に奔走《ほんそう》したり、沖縄《おきなわ》問題に奔走したりですねえ、東日本の（復興）対策をしたり、あるいは、教育改革をやってみたりと、何だかんだ、ゴチョゴチョと仕事をやっているように見せて、いろんなことに気を散らし、関心を散らしながら、いざというときに、「〝雪の日〟に討ち入る」というところですかなあ。

酒井　なるほど。

菅義偉守護霊　この一瞬《いっしゅん》にかけたいと思っているんですよ。「仕事としては、もう最後だ」と、私は思っているのでね。

酒井　そうですか。

周囲を油断させて「乾坤一擲《けんこんいってき》の瞬間《しゅんかん》」を待つ

菅義偉守護霊　私が官房長官をしている間に、そのチャンスが巡《めぐ》ってくることを狙う。これは、外部環境《かんきょう》にも何かの変化がないと、今のままでは、ちょっと無理ですね。

今は、北朝鮮《きたちょうせん》も少し控《ひか》えているし、中国もやや控えてはいるんですよね。韓国《かんこく》が多少怪《あや》しい動きをしてはいますけども、今、膠着《こうちゃく》状態です。アメリカも、何だか、はっきりしないような状態です。

この、全部があまりはっきりしない段階で突出《とっしゅつ》すると、たぶん、そこが悪者になるはずです。だから、「敵失《てきしつ》」も必要だし、「油断」も必要なんですね。油断させなければいけないんです。

まあ、あなたがたは「やれ！　やれ！」と言うけども、そう、表立ってバンバン言うと、警戒して打ち返してきますからね。だから、中国や韓国、北朝鮮、アメリカ、その他、いろんな国を油断させないといけないんですよ。「それほど本気ではないのかなあ」と思わせておいて、一気にやらなきゃいけないところがあると思いますよ。

「集団的自衛権」の行使だってねえ、やろうと思えば一日でできるんですよ。やろうと思ったら一日でできるんですけど、それをやったら、人気は急落しますし、攻撃《こうげき》も受け始めますからね。

だから、本当にやるべきときを間違うと、もたない。「集団的自衛権」だって、やるときを間違うと、「憲法九条の改正」まではもたない。その前に安倍がやられてしまうので、その「乾坤一擲《けんこんいってき》の瞬間《しゅんかん》」を待っているんですよ。

人生のポリシーは尊いものに殉《じゅん》ずる「忠義」の精神

酒井　今世《こんぜ》、生まれる前に、「これをなそう」と誓《ちか》って、地上に降りてきたことは、何だったのでしょう？

菅義偉守護霊　うーん、まあ……、私の人生のポリシーは、基本的には「忠義」なのです。「忠誠」とか「忠義」とかいうようなものなので、まあ、封建《ほうけん》的なものかもしれないけども、意外に、儒教《じゅきょう》的なものもあるのかもしれません。

これは、日本の美徳のなかで、失われたものの一つかと思うんですけどね。やっぱり、そういう、「何かに殉《じゅん》ずる精神」みたいなものが日本から失われているような気がするので、まあ、「そういうものを実践できたらいいなあ」と思っていますね。

酒井　なるほど。それでは、悲願《ひがん》の成就《じょうじゅ》までは……。

菅義偉守護霊　あのねえ、無能に見えても結構です。どうか、ご批判ください。「あいつは阿呆《あほう》だ、阿呆だ」と、みんなで言うてください。それで結構ですから。

酒井　それがいいと……。

菅義偉守護霊　「はい、そのとおりです」と、そのまま受けますので。「はい、その阿呆でございます。何も分からない阿呆でございまして、いろんなことに目が散って、あれこれとやっております」ってね。まあ、どうぞ、見とってください。ただ、チャンスが巡ってこなかったら、しかたがありませんけれども、相手が警戒している場合に、討ち入ろうとしたって、討ち入ることはできませんので、相手が警戒を解くのを導かなきゃいけない。「ああ、日本は、そうならないね」と思わせて、警戒を解かせなきゃいけないのでね。

酒井　なるほど。

主君の大事を成すためには「大うつけ」「昼行灯《ひるあんどん》」で結構

酒井　そうすると、最終的には、「『憲法九条改正』まで持っていく」ということなのでしょうか。

菅義偉守護霊　うーん。安倍さんの本心は、たぶん、そのへんにあるだろうから、それを考えれば、消費税等もですねえ、まあ、調整の範囲《はんい》内であれば、いろいろ考え直してもいいかなと思う。ただ、明確な結論を言っちゃいけない立場なので、まあ、言いませんけども。

とにかく、私は、「うつけ者」とか、「大うつけ」とか、「昼行灯《ひるあんどん》」とか言われても構わない。それが私の役割だと思うので、結構です。「主君に大事を成してもらおう」と思っておりますので、まあ、そのときまで、何とでも批判を受けようと思うし、「何も考えていない」「面白《おもしろ》みがない」とマスコミに言われつつ、ただただ楯《たて》代わりになろうと思っております。

まあ……、たぶん、本心は「九条改正」だろうと思うんです。だから、「どうしても、これだけはやりたいんだ。今世、これをやらないでは終われないんだ」と考えているだろうと思う。

そのためには、どうしても、ある程度の長期政権をつくりたいんだろうと思うので、まあ、そのために、私は、いろんなものに妥協《だきょう》しながらでも、政権が延びるほうにやっていきたい。

また、時間を稼《かせ》いでいる間に、思わぬところで、何らかの実績が上がることを期待しています。

例えば、「こんなに教育改革が進み、実績も上がりました」とかね。あるいは、地場《じば》関係でも、「ギクシャクしていた沖縄問題が、何となく解決つきました」とか、「気がつけば、いつの間にか、東日本の復興もだいぶ進んでいました」とかいうようなかたちで、マスコミが足を引っ張る材料も、いつの間にか、少しずつ減っていっているようなかたちにしていき、次第《しだい》しだいに〝本丸《ほんまる》〟に迫《せま》っていくという手法でやりたいと思っているのでね。

たぶん、主君・安倍氏は、「『憲法九条改正』さえできれば、いつ死んでもいい」と思っているでしょうから、そこへ持っていけるように、「外部環境と内部環境の両方を調和させて、時を待つ」というのを狙っております。

酒井　はい。本日は、まことにありがとうございました。

「連立政権の実現」に向けてエールを送る

菅義偉守護霊　まあ、十分ではございませんが……。

感謝の気持ちは十分に持っていますよ。だから、分かっています。周りからついてくる人もたくさんおります。

まあ、分かってはおりますけれども、現在、私は、そういう本心を見せないことが仕事です。本心を見せないで、長期政権をつくることが仕事であるので、そういうふうに見えるところもあるでしょうが、「どうか、お許しあれ」と思っております。

まあ、幸福実現党さんのご健闘《けんとう》を祈《いの》りたいと思います。「何十議席かお持ちくださって、(自民党との)連立政権でもできれば、心強く、いろんなことがパンパンと進んでいくかもしれない」と思うので、できれば、次の選挙では頑張《がんば》ってください。

たぶん、野党のほうは、かなりの総崩《そうくず》れになると推定します。

まあ、公明はまだ存在しているとは思いますし、共産党もいちおう存在はしていると思うんですけども。それ以外の政党が存在しているかどうかは、もう、はっきり言って不透明《ふとうめい》だと思います。「維新」だって、「みんな」だって、「社民党」だって、その他、「生活の党」だって、三年後に存在しているかどうかは分からないと思います。

だから、このへんのところに、五十議席でも何議席でもいいですけども、あなたがたがポコッと入ってくれて、連立でもできたらありがたいですねえ。それで、合計して三分の二に行くといいですね。

まあ、そういうふうに、そちらさんが頑張ってくださることを祈っていますよ。うん。

酒井　はい、ありがとうございました。

菅義偉守護霊　はい。

8 「一発勝負に賭《か》ける」のも一つの選択《せんたく》

「虚々実々《きょきょじつじつ》の政界」を渡《わた》り合う老獪《ろうかい》な政治家

大川隆法　なかなか老獪《ろうかい》な方のようですね。当会のなかには、あまりいないタイプかもしれません。当会の人は、みんな、もっとボンボン言いますのでね。

酒井　はい。なすべきことをなし、それで本当に成果が出れば、やはり、それは……。

大川隆法　ええ、結構ですね。あとのものを捨ててでも、やろうとはしているようです。いやあ、厳しいものなのですね。それだけ難しいのでしょう。

酒井　はい。そうですね。

大川隆法　虚々実々《きょきょじつじつ》の駆《か》け引きをしているようです。当会など、正直すぎて、〝丸見え〟なのでしょうね。

酒井　（笑）

大川隆法　〝海パン〟一枚で歩き回っているようなものなのではないですか（笑）。あまりにも丸見えなので、「本当は、すべてが嘘《うそ》かもしれない。本当に、ここまで正直に言うだろうか。これにも、もしかすると、裏があるかもしれない」などと思われているのかもしれません。

酒井　ええ、そうですね。当会のような人材は、逆に、政治の世界にはいないタイプなのかもしれませんが、この方は、本来の政治家らしい政治家と言えるのかもしれません。

大川隆法　そうですね。まあ、そういうことのようです。

政権中枢《ちゅうすう》の「意外としたたかな本音」を垣間《かいま》見る

大川隆法　ただ、ある意味では、彼らの最終的に考えていることが見えたかもしれません。確かに、マスコミにはサービスをしないでしょう。できるだけ延ばしたいでしょうからね。

酒井　そうですね。マスコミには、「もう駄目《だめ》なのではないか」と思わせながら、できるだけ……。

大川隆法　マスコミには、「バカだ」と思われつつ、彼らのほうが賢《かしこ》そうに見える状態にすることによって、みんなが油断し、「もう、相手をしてもしかたがないから、酒でも飲みにいこうか」という感じになるのを待っているようです。

酒井　ええ。

大川隆法　財務省も騙《だま》さなければいけないのであれば、これは大変でしょう。

酒井　そうですね。逆に、こういう苦労人で、エリートではないという点では、ごまかせるところが……。

大川隆法　そのように振《ふ》る舞《ま》うことで「みんなが油断する」と思っているのでしょう。「私は、中身が何もないんです。何も考えていません」と言えば、「そうかな？」と思いますからね。

酒井　はい。そういう意味では、よく考えられていますね。

大川隆法　仕事としては、もう最後と見ているようです。現在、六十四歳《さい》で、あと三年やっても、六十七歳になります。これを「最後のお勤め」と思って、「自分には、首相になる気がない。なったら、袋叩《ふくろだた》きにされるから嫌《いや》だ」と言っているのでしょう。「一発勝負」に賭《か》けているのであれば、それも一つかもしれません。

酒井　そうですね。

大川隆法　党内の人間に対しても、本音を隠《かく》し、騙しなどの駆け引きをしなければならないようですね。「これが、どうしてもうまくいかなくて……」というようなふりをしなければいけないのでしょう。

誰《だれ》も聞き出せなかった「菅官房長官《かんぼうちょうかん》の本音」をスクープ！

大川隆法　でも、今日は、だいぶ本音を引き出したのではないでしょうか。

酒井　そうですね。

大川隆法　これは、おそらく、マスコミにはできなかったことで、ある意味でのスクープでしょう。

酒井　ええ。これで自民党の真相が分かったのではないかと思います。

大川隆法　まさに、「誰《だれ》もが知りたい菅官房長官《かんぼうちょうかん》の本音」でした。

誰もが彼の本音を知りたいけれども、本当に考えていることは誰にも分からないでしょう？　それが、ある程度見えましたので、それはそれでよかったかもしれませんね。

酒井　はい。

大義を掲《かか》げた言論による「時代の火つけ役」が求められている

大川隆法　当会のほうとしては、「幕府と戦争をしたいために、江戸市中《えどしちゅう》に火をつけて回った」という説もある西郷隆盛《さいごうたかもり》の役をしなければならないのでしょうか（笑）。謎《なぞ》の出火があったり、自分の薩摩藩邸《さつまはんてい》に火をつけ、「襲《おそ》われた」と言ったりしたような役目をしないといけないでしょうか。

もちろん、「言論で」ということですが。

酒井　（笑）はい。

大川隆法　ともかく、「何か大義名分をつくらなければいけない」というところでしょうか。

酒井　そうですね。

大川隆法　だから、当会がマスコミをへこませてくれるのは、ありがたいことなのでしょう。ただ、「あまりやると、こちらもやられるだろう」とは思っているでしょうね。あまりはっきりと、当会の「シンパ」とは見られたくないところがあるようです。

酒井　はい。

大川隆法　こういう方でした。本日の収録は、意味のあるものになったのではないかと思います。ありがとうございました。

酒井　本日はありがとうございました。

あとがき

竜が淵に潜むは、ある時、一気に天に翔け昇るためである。もし淵で潜んだままで生命を終えたら、ただの蛇にしか過ぎまい。

安倍総理も「決められる政治」とか、「吉田松陰、三島由紀夫、安倍晋三」とか言っているわりには、余りにも哲学も、行動力も、ひ弱なので、正直言って、自民党の人材も尽きたかと思わせるところがある。大事をなす前に人気が去ってしまうことにでもなれば、保守系の人々の絶望感は、もうどうにもなるまい。

菅氏もある意味で得がたい人材であり、深謀遠慮の人であろうが、もし、項羽やチンギス・ハンのような人が太平洋の覇権を目指しているとしたならば、「昼行灯」兵法で果たして対抗できるのか。もっと大きな戦略を描いてみせることも参謀としての使命ではなかろうか。

二〇一三年　八月十二日

幸福実現党総裁《こうふくじつげんとうそうさい》　大川隆法《おおかわりゅうほう》

『誰もが知りたい菅義偉官房長官の本音』大川隆法著作関連書籍

『そして誰もいなくなった

——公開霊言　社民党　福島瑞穂党首へのレクイエム——』（幸福の科学出版刊）

『共産主義批判の常識

——日本共産党　志位委員長守護霊に直撃インタビュー——』（同右）

『「河野談話」「村山談話」を斬る！』（同右）

『「首相公邸の幽霊」の正体』（同右）

『NHKはなぜ幸福実現党の報道をしないのか』（同右）

『ジョーズに勝った尖閣男』（同右）

『公明党が勝利する理由

——山口代表　守護霊インタビュー——』（幸福実現党刊）

『海江田万里・後悔は海よりも深く
――民主党は浮上するか――』（同右）
『スピリチュアル党首討論
――安倍自民党総裁 vs. 立木幸福実現党党首――』（同右）
『安倍新総理スピリチュアル・インタビュー』（同右）

誰《だれ》もが知《し》りたい菅義偉官房長官《すがよしひでかんぼうちょうかん》の本音《ほんね》

――名参謀のスピリチュアル・トーク――

2013年8月30日　初版第1刷

著　者　　大《おお》川《かわ》隆《りゅう》法《ほう》

発　行　　幸福実現党

〒107-0052 東京都港区赤坂2丁目10番8号
TEL(03)6441-0754

発　売　　幸福の科学出版株式会社

〒107-0052 東京都港区赤坂2丁目10番14号
TEL(03)5573-7700
http://www.irhpress.co.jp/

印刷・製本　株式会社 東京研文社

落丁・乱丁本はおとりかえいたします

ISBN978-4-86395-381-9 C0030
写真：AP／アフロ

大川隆法霊言シリーズ・党首の守護霊インタビュー

釈量子の守護霊霊言

目からウロコ！
幸福実現党の新党首の秘密

めざすは、日本初の女性総理!? 守護霊が語った日本政治の問題点と打開策、そして新党首就任の思いと抱負。驚きの過去世も大公開。
【幸福実現党刊】

- **未来は女性のためにある！**
- **日本を守る気概**
- **日本を導き続けた転生**
- **初の女性総理への期待** ほか

1,400円

海江田万里・
後悔は海よりも深く

民主党《タイタニック》は浮上するか

本音は保守？ 安倍政権の経済政策は批判できない？ 経済評論家としても知られる民主党・海江田代表の、矛盾を抱えた苦悩が明らかに。
【幸福実現党刊】

1,400円

※表示価格は本体価格（税別）です。

大川隆法霊言シリーズ・党首の守護霊インタビュー

公明党が勝利する理由

山口代表 守護霊インタビュー

公明党は、政権与党で何をしてくれるのか？ 選挙戦略の秘訣から創価学会との関係、そして外交・国防、憲法改正等、山口代表の本音に直撃！

【幸福実現党刊】

1,400円

共産主義批判の常識

日本共産党 志位委員長守護霊に直撃インタビュー

暴力革命の肯定と一党独裁、天皇制廃止、自衛隊は共産党軍へ――。共産党トップが考える、驚愕の「平等社会」とは。共産主義思想を徹底検証する。

1,400円

そして誰もいなくなった

公開霊言
社民党 福島瑞穂《みずほ》党首へのレクイエム

増税、社会保障、拉致問題、従軍慰安婦、原発、国防――。守護霊インタビューで明らかになる「国家解体論者」の恐るべき真意。

1,400円

大川隆法 霊言シリーズ・正しい歴史認識を求めて

「河野談話」「村山談話」を斬る!

日本を転落させた歴史認識

根拠なき歴史認識で、これ以上日本が謝る必要などない!! 守護霊インタビューで明らかになった、驚愕の新証言。「大川談話(私案)」も収録。

1,400円

安重根は韓国の英雄か、それとも悪魔か

安重根 & 朴《パク》槿《ク》惠《ネ》大統領守護霊の霊言

なぜ韓国は、中国にすり寄るのか? 従軍慰安婦の次は、安重根像の設置を打ち出す朴槿惠・韓国大統領の恐るべき真意が明らかに。

1,400円

神に誓って「従軍慰安婦」は実在したか

いまこそ、「歴史認識」というウソの連鎖を断つ! 元従軍慰安婦を名乗る2人の守護霊インタビューを刊行! 慰安婦問題に隠された驚くべき陰謀とは!?

【幸福実現党刊】

1,400円

※表示価格は本体価格(税別)です。

大川隆法霊言シリーズ・正しい歴史認識を求めて

「首相公邸の幽霊」の正体

東條英機・近衛文麿・廣田弘毅、日本を叱る!

その正体は、日本を憂う先の大戦時の歴代総理だった! 日本の行く末を案じる彼らの悲痛な声が語られる。安倍総理の守護霊インタビューも収録。

1,400円

原爆投下は人類への罪か?

公開霊言 トルーマン & F・ルーズベルトの新証言

なぜ、終戦間際に、アメリカは日本に2度も原爆を落としたのか?「憲法改正」を語る上で避けては通れない難題に「公開霊言」が挑む。

【幸福実現党刊】

1,400円

公開霊言 東條英機、「大東亜戦争の真実」を語る

戦争責任、靖国参拝、憲法改正……。他国からの不当な内政干渉にモノ言えぬ日本。正しい歴史認識を求めて、東條英機が先の大戦の真相を語る。

【幸福実現党刊】

1,400円

大川隆法の守護霊霊言

ユートピア実現への挑戦

あの世の存在証明による霊性革命、
正論と神仏の正義による政治革命。
幸福の科学グループ創始者兼総裁
の本心が、ついに明かされる。

1,400円

政治革命家・大川隆法

幸福実現党の父

未来が見える。嘘をつかない。タブー
に挑戦する——。政治の問題を鋭く
指摘し、具体的な打開策を唱える幸福
実現党の魅力が分かる万人必読の書。

1,400円

素顔の大川隆法

素朴な疑問からドキッとするテーマま
で、女性編集長3人の質問に気さくに
答えた、101分公開ロングインタビュー。
大注目の宗教家が、その本音を明かす。

1,300円